HEREINSPAZIERT →

Séverine Götz & Sabrina Zbinden

MARTHA'S SALAD

FÜNFZIG SALATE TO GO

Umschau

Als wir im Frühjahr 2012 unsere Jobs als PR-Beraterinnen an den Nagel hängten, um gutes, gesundes Essen unters Volk zu bringen, war uns nicht ganz bewusst, auf welches Abenteuer wir uns eingelassen hatten. Wir suchten fast ein Jahr nach einem Lokal, haben mehrere hundert Firmen persönlich von Hand angeschrieben. Aber immer wieder hieß es, man würde einen erfahrenen Gastronomen bevorzugen. Das war hart und erste Zweifel kamen auf. Waren wir naiv? Hatten wir unsere Jobs zu früh gekündigt? Vielleicht. Aber wir hatten diesen Traum – und für uns gab es kein Zurück mehr. Also haben wir auch nach unzähligen Absagen weitergemacht, bis wir die so simple wie überzeugende Idee hatten: Wenn wir kein Restaurant finden, in dem wir unsere Gerichte servieren können, dann liefern wir das Essen eben direkt in die Büros!

Wir waren damals der erste Lieferservice dieser Art in Zürich. Und wir wurden belächelt. In der Branche, aber auch von Menschen aus unserem Umfeld. „Die schaffen das nie!" hörten wir, oder: „Das wird sich nicht rentieren". Das tat manchmal weh, aber es gab auch die Menschen, die uns unterstützten, die mit anpackten. Oft waren das Menschen, die wir gar nicht so gut kannten, die sich aufopferten und sich für uns einsetzten, das gab uns Mut.

Und so standen wir, März 2013, an einem eiskalten Montagmorgen um fünf Uhr in der Küche. Zwei Bretter, zwei Messer, ein Telefon. Unser Lieferant weigerte sich, uns zu beliefern, da die Bestellmenge zu klein war, also fuhren wir jeden Morgen auf den Markt. Wir wanderten von Halle zu Halle und trugen die Kisten in unser Auto, das zwischen den Lastwagen parkte. Wir schnippelten und produzierten wie die Wahnsinnigen. Lieferten aus. Telefonierten Büros ab. Nachmittags dann Buchhaltung, Marketing, Kundenpflege. Wir haben damals einen Ordner angelegt, in dem wir Bilder von allen unschönen Situationen, Verletzungen, Verbrennungen und Missgeschicken gesammelt haben. Der Ordner erinnert uns immer wieder daran, dass wir das wirklich durchgezogen haben und daran gewachsen sind.

Wir sind auch ein wenig stolz, dass wir es durchgezogen haben, denn wir hatten zu Beginn ja tatsächlich keine Ahnung. Wir kannten die Universität von innen, das Bü-

roleben, Geschäftsessen. Aber nicht das Start-up-Leben in einer Küche. Wir waren übermüdet, es flossen Tränen, aber wir haben uns durchgekämpft und sind ein Team geworden. Wir funktionieren ganz unterschiedlich, sind zwei Menschen, die im Privaten andere Vorstellungen vom Leben haben – aber uns verbinden die gleichen Werte, der gleiche Traum. Das hat uns zusammengeschweißt.

Mittlerweile gibt es Martha's Salad seit mehr als drei Jahren und wir blicken zurück auf unzählige Momente voller Emotionen, auf schlaflose Nächte, skurrile Begegnungen, auf Verletzungen jeglicher Art, aber vor allem auf bereichernde Menschen, von denen wir immer unterstützt wurden, auf Freunde und Familie und wertvolle Kunden, die an uns glauben. Mit einem tollen Team arbeiten wir heute in unserer Produktionsküche in Zürich und führen dort auch mehrere Verkaufsorte, wir wachsen, behutsam aber stetig! Bei Martha's Salad findet ihr nicht nur Salate, sondern auch Suppen, Sandwiches und Süßes.

Unser größter Antrieb ist unsere Philosophie der Nachhaltigkeit, an die wir glauben und die wir leben. Regional und saisonal einzukaufen, mag für viele ein Trend sein – für uns ist es Pflicht. Wir verzichten bewusst auf viele Produkte oder versuchen stets, regionale Alternativen zu finden. Unsere Produkte erfordern keine komplizierten Kochvorgänge, die Küche ist bodenständig und unkompliziert. Die Zutaten sollen leicht erhältlich sein, der Einkauf nicht zum Hindernislauf werden. Und vor allem sollen hauptsächlich die verwendeten Zutaten verantwortlich für das Gelingen der Menüs sein. Daher raten wir, auf die Qualität zu achten.

Aber warum eigentlich Martha? Weil alles mit Martha auf einem Farmer's Market in Kalifornien angefangen hat. Dort begeisterte uns ihr Gemüsestand mit seiner Fülle, Pracht und seinen Farben. Bei Martha konnte man sich frischen Salat aus verschiedenen Zutaten zusammenstellen und uns war sofort klar: Wir nehmen ihre Idee mit nach Europa und widmen unseren Laden Martha.

Für dieses Buch haben wir Rezepte von Salaten zusammengetragen, die wir bei uns im Unternehmen anbieten, die wir aber auch zu Hause zubereiten.

Wir wünschen viel Spaß beim Ausprobieren!

**Herzlich
Sabrina und Séverine**

WARUM REGIONAL UND SAISONAL SO WICHTIG IST

- Wer saisonale Freilandprodukte kauft, hilft, Schadstoffemissionen zu vermeiden und fossile Energie, welche das Gewächshaus produziert, zu sparen. Ein Kopfsalat verursacht bei Freilandanbau 140 Gramm CO_2, im Gewächshaus mehr als die 30-fache Menge.

- Das Flugzeug ist das Transportmittel mit der höchsten Freisetzung von Emissionen. Leicht verderbliche Lebensmittel wie Spargel oder Erdbeeren werden damit transportiert. Diese sollten also im Winter nicht eingekauft werden. Ein Bund Spargel aus Mexiko hat nach seiner Reise fünf Liter Erdöl verbraucht!

- Regionale Produkte bedeuten überschaubare Strukturen im Transport. Durch die kurzen Transportwege kann das Gemüse natürlich reifen, was sich nicht nur im Geschmack und im Aroma auswirkt, sondern auch bei den Mineralstoffen und Vitaminen.

- Wer regional einkauft, unterstützt die bäuerliche Landwirtschaft, die regionale Wirtschaft und den Erhalt von Arbeitsplätzen.

- Auf die Saisontabelle achten: Im Winter kühl gelagerte Äpfel weisen ebenfalls einen hohen CO_2-Verbrauch auf. Deshalb immer prüfen, ob die Frucht oder Sorte wirklich Saison hat. Beispiel: Ein Apfel, der aus Neuseeland importiert wird, schneidet in einem solchen Fall besser ab als der kühl gelagerte, heimische Apfel. Das lokale Kühlhaus verbraucht mehr Energie.

- Ohne Zutaten wie z.B. Olivenöl, das nicht regional produziert ist, kommen auch wir nicht aus. Wir achten dann auf Bio-Produkte aus kleinen Betrieben.

- Und zuletzt ein persönlicher Ratschlag: Ab und zu ganz bewusst auf Fleisch verzichten. Rodung, energieintensive Futtermittelproduktion und hohe Mengen an Verdauungsgasen schaden der Umwelt.

WAS IST EIGENTLICH EIN SALAT?

Die Abgrenzung zwischen Salat und anderen Speisen ist nicht immer so klar, zumal es auch warme Salate gibt. Wir haben für uns die Definition so gesetzt, dass Salate mit einem Dressing serviert werden und dieses eine saure Komponente wie Essig oder Zitronensaft sowie Öl enthält.

SALAT TO GO

Alle Salate sind für das Volumen von einem 500-ml-Glas berechnet. Das entspricht einer Portion Salat to go. Dazu empfehlen wir 50 ml Dressing. Manche mögen mehr – entscheidet ganz nach eurem Geschmack.

DIE VORRATSKAMMER

Keine Sorge, ein kleines Schränkchen tut es auch, aber es gibt ein paar Vorräte, die das spontane Kochen leichter machen. Wir empfehlen für die Küchenschlacht folgendes Arsenal:

- neutrales Pflanzenöl, z.B. Sonnenblumenöl
- Olivenöl extra vergine
- roter bzw. schwarzer Balsamessig, weißer Balsamico, Weißweinessig, Apfelessig
- Senf
- Salz
- Pfeffer
- Rohrrohrzucker
- Honig
- drei Kräutertöpfchen: Schnittlauch, Petersilie, Basilikum

ZUBEHÖR

- eine vierseitige Reibe
- ein scharfes Küchenmesser
  Prima zum Hacken und um Käse und Fleisch zu schneiden
- ein Brotmesser
  Eignet sich gut, um großes und hartes Gemüse zu bearbeiten
- ein kleines, gezacktes Rüstmesser
- ein Schneidebrett
- ein Stabmixer
- eine Salatschleuder
  Feuchten Salat mögen wir gar nicht, er verwässert die feinen Zutaten und das Dressing

SAFT UND ABRIEB VON ½ ZITRONE

ein spritzer essig

PFEFFERKÖRNER

gerührt und auch geschüttelt

fein hacken

{ frischer
Koriander

DRESSING,
TOPPING
& BROT

KNOB
LAUCH

OLIVENÖL

BALSAMICO-DRESSING

Das erste Martha-Dressing überhaupt. Es passt zu jedem Salat und wir lieben es noch immer.

🫙	ergibt ca. 120 ml
⅓	Knoblauchzehe
¼	Schalotte
1 EL	roter bzw. schwarzer Balsamico, am besten ein sehr alter
1 TL	Wasser
1 EL	Ketchup
1 TL	Senf
4 EL	Sonnenblumenöl
1 TL	Orangensaft

Salz und frisch gemahlener schwarzer Pfeffer

1. Die Knoblauchzehe und die Schalotte schälen und fein hacken. Mit den restlichen Zutaten im Mixer zu einer homogenen Sauce verarbeiten.

2. Direkt über den Salat geben oder in einem kleinen Vorratsglas bis zum Verzehr aufbewahren. Das Dressing hält sich 3–4 Tage und setzt sich dabei etwas ab, daher vor dem Verzehr gut schütteln.

KRÄUTER-JOGHURT-DRESSING

Das Dressing haben wir zum ersten Mal mit frischen Kräutern aus dem Garten von Sabrinas Vater probiert, es erinnert uns an den ersten Sommer mit Martha.

🫙	ergibt ca. 100 ml
1 EL	frische Kräuter
¼	Knoblauchzehe
50 ml	Olivenöl
¾ TL	Senf
2 TL	Zitronensaft, frisch gepresst
1 EL	Naturjoghurt
2 EL	weißer Balsamico

je 1 Prise Salz und frisch gemahlener schwarzer Pfeffer

1. Die Kräuter waschen, trocken schütteln und fein hacken. Mit den restlichen Zutaten im Mixer zu einer homogenen Sauce verarbeiten.

2. Direkt über den Salat geben oder in einem kleinen Vorratsglas bis zum Verzehr aufbewahren. Das Dressing hält sich 3–4 Tage und setzt sich dabei etwas ab, daher vor dem Verzehr gut schütteln.

FRISCHKÄSE-DRESSING

Wir verwenden eigentlich nur selbst gemachte Mayo (siehe S. 108 oder vegan S. 63). Köstlich zu Spargel, aber auch zu einem Hähnchensalat.

🫙	ergibt ca. 120 ml
1 TL	Parmesan, frisch gerieben
1 TL	Ketchup
1 ½ TL	Kochsahne
1 TL	Mayonnaise (mit Eiern aus Freilandhaltung)
1 TL	Frischkäse
1 Spritzer Wasser	
50 ml	Sonnenblumenöl
20 ml	Essig

je 1 Prise Salz und frisch gemahlener schwarzer Pfeffer

1. Alle Zutaten außer dem Öl und dem Essig gut zu einer homogenen Masse vermischen, am besten mit einem Mixer. Anschließend langsam das Öl hinzugeben und mit dem Essig zur gewünschten Säure abrunden.

2. Direkt über den Salat geben oder in einem kleinen Vorratsglas bis zum Verzehr aufbewahren. Das Dressing hält sich 3–4 Tage und setzt sich dabei etwas ab, daher vor dem Verzehr gut schütteln.

NUSS-DRESSING

Ein Dressing, das wunderbar zu Herbstsalaten passt. Im Sommer den Estragon durch frische Minze oder Basilikum ersetzen.

ergibt ca. 100 ml	
20 g	Walnüsse
3 EL	Apfelessig
3 EL	Nussöl
3 EL	Sonnenblumenöl
20 g	Estragon

je 1 Prise Salz und frisch gemahlener schwarzer Pfeffer

1. Die Walnüsse grob hacken und in einer kleinen Pfanne ohne Zugabe von Fett rösten, bis sie goldbraun sind. Danach mit den restlichen Zutaten im Mixer zu einer homogenen Sauce verarbeiten.

2. Direkt über den Salat geben oder in einem kleinen Vorratsglas bis zum Verzehr aufbewahren. Das Dressing hält sich 3–4 Tage und setzt sich dabei etwas ab, daher vor dem Verzehr gut schütteln.

RANCH-DRESSING

Ein deftiges Dressing, das sich gut für Kartoffelsalat oder einen Salat mit Croûtons eignet. Frische Kräuter sorgen aber für eine gewisse Leichtigkeit.

ergibt ca. 100 ml	
½	Knoblauchzehe
3 EL	Schnittlauch und Petersilie, fein gehackt
30 g	Sahne
1 EL	Mayonnaise (selbst gemacht, siehe S. 63 und 108, oder mit Eiern aus Freilandhaltung)
1 EL	Kräuteressig

je 1 Prise Salz und frisch gemahlener schwarzer Pfeffer

1. Den Knoblauch schälen und fein hacken. Mit 1 EL Wasser und den restlichen Zutaten im Mixer zu einer homogenen Sauce verarbeiten.

2. Direkt über den Salat geben oder in einem kleinen Vorratsglas bis zum Verzehr aufbewahren. Das Dressing hält sich 3–4 Tage und setzt sich dabei etwas ab, daher vor dem Verzehr gut schütteln.

HIMBEER-DRESSING

Ein Sommerdressing, perfekt für grünen Salat mit frischen Beeren.

	ergibt ca. 100 ml
½	mittelgroße Schalotte
¼	Knoblauchzehe
25 ml	Kräuteressig
1 EL	Zucker
1 EL	Senf
20 g	Himbeeren (frisch oder TK)
60 ml	Öl
1	Spritzer Zitronensaft
Salz und frisch gemahlener schwarzer Pfeffer	

1. Die Schalotte und den Knoblauch schälen und fein hacken. Den Essig mit dem Zucker, 1 EL Wasser, der Schalotte, dem Knoblauch, Salz und Pfeffer aufkochen und um die Hälfte einkochen lassen. Vom Herd nehmen, den Senf, die Himbeeren und das Öl unterrühren und pürieren. Auskühlen lassen und mit Zitronensaft, Salz und Pfeffer abschmecken.

2. Direkt über den Salat geben oder aufbewahren. Das Dressing hält sich 3–4 Tage und setzt sich dabei etwas ab, vor dem Verzehr schütteln.

ORANGEN-ROSMARIN-DRESSING

Das Rezept eines jungen, ambitionierten Kochs aus unserem Team. Unbedingt zu Linsensalat probieren – ein Traum!

	ergibt ca. 100 ml
50 ml	Orangensaft, frisch gepresst
30 ml	roter Balsamico
1 TL	Rosmarin, fein gehackt
½ EL	Senf
½ EL	Zucker
50 ml	neutrales Öl (z. B. Rapsöl)
Salz und frisch gemahlener schwarzer Pfeffer	

1. Den Orangensaft und den Balsamico in ein Pfännchen geben und bei mittlerer Hitze um die Hälfte einkochen. Rosmarin, Senf und Zucker beigeben, gut verrühren, abkühlen lassen danach das Öl zur Sauce geben. Mit Salz und Pfeffer abschmecken.

2. Direkt über den Salat geben oder in einem Vorratsglas aufbewahren. Das Dressing hält sich 3–4 Tage und setzt sich dabei etwas ab, daher vor dem Verzehr gut schütteln.

APFEL-DRESSING

Wir haben das Apfel-Dressing zu einem Herbstsalat mit Rotkraut, Bergkäse und Nuss in unserem Sortiment entwickelt.

	ergibt ca. 100 ml
40 g	Apfelmus
2 EL	Apfelsaft
3 TL	weißer Balsamico
2 EL	Sonnenblumenöl
2 TL	Haselnussöl
1 TL	Zitronensaft
Salz und frisch gemahlener schwarzer Pfeffer	

1. Alle Zutaten in einen Behälter geben und mit dem Pürierstab mixen, mit Salz und Pfeffer abschmecken. Mit Apfelmus und Öl abschmecken.

2. Direkt über den Salat geben oder in einem kleinen Vorratsglas bis zum Verzehr aufbewahren. Das Dressing hält sich 3–4 Tage und setzt sich dabei etwas ab, daher vor dem Verzehr gut schütteln.

KNOB-LAUCH-CHILI-KNUSPER

Wir empfehlen, die Knusper frisch zuzubereiten und gleich zu essen. Für Croûtons rechnen wir eine Toastscheibe pro Person. Noch leicht warm über den Salat gegeben entfalten sie ein herrliches Aroma.

10 g	Knoblauch
20 g	Zwiebeln
15 g	Chiliflocken oder -pulver
5 g	Salz
40 ml	Olivenöl
4 Scheiben Vollkorntoast	

1. Den Backofen auf 180 °C Ober- und Unterhitze vorheizen. Den Knoblauch und die Zwiebeln schälen und hacken. Alle Zutaten gut mischen, auf die Toastscheiben streichen und 8 Minuten knusprig überbacken.

2. Nach Belieben in kleine Croûtons schneiden und über den Salat streuen oder als Beilage servieren.

BASILIKUM-KNUSPER

Die Knusper-Toasts sind herrlich einfach in der Zubereitung und eignen sich als besondere Beilage zu Salaten und Suppen. Aber auch als Aperitifgebäck machen sie sich bestens. Sie lassen sich beliebig variieren, etwa mit anderen Kräutern oder etwas Käse und Nüssen.

10 g	Basilikum
50 g	Frischkäse
50 g	Tomatenmark
2 g	Salz
Abrieb von ¼ unbehandelten Zitrone	
4 Scheiben Vollkorntoast	

1. Den Backofen auf 180 °C Ober- und Unterhitze vorheizen. Die Basilikumblätter waschen, trocken schütteln und in feine Streifen schneiden. Mit den restlichen Zutaten gut mischen, auf die Toastscheiben streichen und 8 Minuten knusprig überbacken.

2. Nach Belieben in kleine Croûtons schneiden und über den Salat streuen oder als Beilage servieren.

RÖST-ZWIEBELN

Röstzwiebeln kann man in einem Behälter mit Luftzufuhr 2–3 Tage aufbewahren. Grundsätzlich gilt bei uns aber immer: Je frischer, desto besser.

3	Zwiebeln
1 l	Pflanzenöl
5 EL	Weizenmehl
2–3	Prisen Salz

Die Zwiebeln schälen und in dünne Ringe schneiden. Das Öl in einer Pfanne — besser noch in einer Fritteuse — auf ca. 170 °C erhitzen. Die Zwiebeln mit dem Mehl mischen, vorsichtig in das Öl geben und ausbacken, bis sie goldbraun sind. Auf einem Küchenpapier abtropfen und auskühlen lassen und mit etwas Salz abschmecken.

4

KÄSE-ROSMARIN-CROÛTONS

Hartes Brot werfen wir nicht weg, wir machen Croûtons daraus! Die Möglichkeiten, sie zu verfeinern, sind fast grenzenlos, wer es etwas schärfer mag, kann zum Beispiel Cayennepfeffer ins Olivenöl mischen. Croûtons halten sich in einem Behälter mit Luftzufuhr bis zu eine Woche.

4 Personen

300 g	helles oder dunkles Brot
30 g	frischer Rosmarin
50 g	Butter
50 g	Hartkäse

Das Brot in Würfelchen schneiden. Den Rosmarin waschen, trocken schütteln und die Nadeln klein hacken. In einer Pfanne Brotwürfel und Rosmarin in der Butter goldbraun rösten. Zum Schluss den Käse über die Croûtons reiben und nochmals für ca. 30 Sekunden rösten. Auf einem Küchenpapier abkühlen lassen.

ZITRONEN-RICOTTA

Zitronenricotta eignet sich besonders gut als Topping für den Linsensalat (siehe S. 87), aber auch für andere Salate oder als Brotaufstrich. Gekühlt hält sich der Ricotta drei Tage. Zur Abwechslung etwas Trüffelöl statt Zitrone untermischen und danach mit frischen Radieschen aufs Brot streichen – köstlich!

1 Portion als Topping

1 EL	Zitronensaft
2 EL	Ricotta
Abrieb von ¼ unbehandelten Zitrone	
Salz und frisch gemahlener schwarzer Pfeffer	

Alle Zutaten mischen und mit Salz und Pfeffer abschmecken.

BROT IM KRAUTWICKEL UND NUSSBROT

Dieses sehr alte Rezept stammt aus Siebenbürgen. Typischerweise wird die Kruste nach dem Backen vom Brot geklopft. Früher hat man die Krümel aufgebrüht und als Kaffee-Ersatz verwendet.

Für 2 Brote

3 mittelgroße festkochende Kartoffeln	
1 kg	Weizenmehl (Type 405)
1 Würfel Hefe (ca. 42 g)	
2 gestr. EL Salz	
4 EL	Olivenöl
2	große Kohlblätter (die äußersten, etwas harten, z. B. von einem Spitzkohl)
100 g	Walnüsse, in grobe Stücke gebrochen

1. Die Kartoffeln kochen, pellen und fein reiben. Das Mehl in eine Schüssel geben und in der Mitte eine Mulde bilden. Das Salz und die geriebenen Kartoffeln am Rand entlang verteilen. Die Hefe in eine Tasse bröckeln, in 2 EL lauwarmem Wasser auflösen und die Flüssigkeit in die Mulde geben. Die Schüssel mit einem Tuch abdecken und über Nacht stehen lassen.

2. Am nächsten Tag von der Mitte aus beginnend einen Teig kneten, das Öl und nach und nach 410 ml Wasser hinzugeben. Hier ist Ausdauer gefragt: Das Kneten dauert von Hand 15–20 Minuten, man kann dazu aber auch eine Küchenmaschine verwenden. Den Teig so lange kneten, bis alles Mehl eingearbeitet ist. Der Teig ist dann noch etwas klebrig, löst sich aber von der Schüssel.

3. Die Schüssel mit einem Tuch zudecken und den Teig etwa auf die dreifache Größe gehen lassen. Das dauert ca. 1 Stunde.

4. Den Ofen auf 250 °C Ober- und Oberhitze vorheizen. Nun den Teig in zwei gleich große Stücke teilen.

5. Die beiden Teighälften einzeln weiterverarbeiten.

Für das Brot im Krautwickel

die eine Hälfte des Teiges mit wenig Mehl nochmals kurz durchkneten, zu einem Laib formen und auf ein Kohlblatt legen. Das zweite Kohlblatt wird als Deckel darübergelegt.

Für das Nussbrot

die zweite Teighälfte ebenfalls mit wenig Mehl nochmals durchkneten und dabei die Walnüsse einarbeiten.

6. Anschließend beide Laibe je auf ein mit Backpapier belegtes Blech legen und im Ofen 45–50 Minuten backen, bis sich eine goldbraune Kruste bildet. Die Kohlblätter nach etwa 30 Minuten, wenn sie trocken und dunkel geworden sind, entfernen.

lecker ❤ Dressing dazu

es grünt so grün

frisch & grün

BABY MANGOLD

FRÜHLINGS-
ZWIEBELN
fein schneiden

Radieschen

hart gekochtes Ei

Parmesan

ALS
TOPPING

FRÜHLING

hmm...Minze

Natur pur
to go.

HIRSESALAT
MIT ARONIABEEREN

Die Aroniabeere kommt ursprünglich aus Nordamerika, wo indianische Medizinmänner sie als Heilmittel einsetzten. Seit 2007 wird sie auch in Europa angepflanzt. Regelmäßig ein Glas Aroniasaft oder Beeren im Müsli verbessern die Durchblutung, die Blutwerte und die Verdauung.

1. Die Hirse nach Verpackungsangabe kochen, danach abgießen, mit kaltem Wasser abschrecken und auskühlen lassen. Karotten und Stellerie waschen, putzen und in feine Würfel schneiden und mit etwas Olivenöl in der Pfanne andünsten. Abkühlen lassen.

2. Den Apfel waschen, das Kerngehäuse entfernen, in Würfel schneiden und mit etwas Zitronensaft und Zucker marinieren, sodass er sich nicht braun verfärbt.

3. Den Apfel mit der Hirse und den Aroniabeeren mischen und als unterste Schicht in das Glas geben. Sellerie und Karotten auf den Hirsesalat geben. Mit etwas Minze und Kresse garnieren.

50 g	Hirse
100 g	Karotten
2–3	längere Stücke Stangensellerie
1 EL	Olivenöl
1	Apfel
Saft von ½ Zitrone	
1 EL	Zucker
30 g	Aroniabeeren
10 g	frische Kresse zum Garnieren
10 g	frische Minze zum Garnieren
je 1 Prise Salz und frisch gemahlener schwarzer Pfeffer	

GURKE-MINZE-SALAT MIT HAUSGEMACHTEN PITA-CHIPS UND JOGHURT

Pita-Brot wird meist aus leicht gesalzenem Hefeteig hergestellt und traditionell im Steinofen gebacken. Im Nahen Osten dient es als Beilage für fast alle Mahlzeiten. Die Komponenten dieses Rezepts kann man auch umdrehen: Sehr fein geschnitten dient der Salat als Dip für die Pita-Chips.

Pita-Brot (pro Person ca. 100–150 g)	
1 EL	Olivenöl zzgl. Olivenöl zum Bestreichen der Chips
1 EL	edelsüßes Paprikapulver
1	Salatgurke
1	Knoblauchzehe
50 g	Joghurt
1–2 EL	Zitronensaft
20 g	Minze
20 g	glatte Petersilie

1. Den Backofen auf 180 °C Ober- und Unterhitze vorheizen. Das Pita-Brot auf die gewünschte Chips-Größe zuschneiden, auf beiden Seiten mit Olivenöl bestreichen und etwas Paprikapulver darüberstreuen. Die Brotstücke im Backofen 8 Minuten rösten, bis sie knusprig und goldbraun werden. Danach abkühlen lassen.

2. Die Gurke waschen, schälen, halbieren und mit einem Löffel die Kernen entfernen. Danach in gleichmäßige Würfel schneiden.

3. Den Knoblauch schälen, pressen und mit Joghurt und frischem Zitronensaft vermischen. Die Minze und die Petersilie waschen, trocken schütteln, fein hacken und mit 1 EL Olivenöl dazugeben. Alles mit den Gurkenwürfeln vermischen.

4. Im Glas anrichten und mit den Pita-Chips garnieren.

EBLY-BÄRLAUCH-SPINAT-SALAT MIT HALLOUMI-WÜRFELN

Dieser Salat wird umwerfend, wenn man ihn mit etwas Johannisbeergelee garniert. Die Säure der Frucht in Kombination mit dem salzig-fettigen Halloumi – ein Traum!

1. Ebly gemäß Verpackungsangabe kochen, abgießen, mit kaltem Wasser abschrecken und auskühlen lassen.

2. Den Halloumi in Würfel schneiden, die Zwiebel schälen, fein hacken und alles mit Olivenöl in der Pfanne goldbraun braten.

3. Spinat und Bärlauch waschen und mit Olivenöl andünsten, abkühlen lassen und mit den Mandeln im Mixer pürieren, mit Salz und Pfeffer abschmecken.

4. Alle Zutaten vermischen und ins Glas geben. Nach Belieben den Salat mit etwas Johannisbeergelee garnieren.

50 g	Ebly (vorgegarter Hartweizen)
100 g	Halloumi (halbfester Grill-/Bratkäse)
1	rote Zwiebel
3 EL	Olivenöl
50 g	frischer Spinat
10 g	Bärlauch
20 g	geschälte Mandeln
Salz und frisch gemahlener schwarzer Pfeffer	
Johannisbeergelee zum Servieren (optional)	

500 ml

Resteverwertung: Bärlauchpesto

Bärlauch lässt sich wunderbar zu einem Pesto verarbeiten, welches monatelang haltbar ist. Hier ein einfaches, unkompliziertes Rezept für ein 100-ml-Glas: Die Bärlauchblätter waschen und trocken schütteln, den Käse reiben. Bärlauch und Käse mit den restlichen Zutaten pürieren und zu einem homogenen Pesto verarbeiten.

30 g	Bärlauch
30 g	Pinienkerne
15 g	Parmesan
200 ml	Olivenöl
Saft von ½ Zitrone	
Salz und frisch gemahlener schwarzer Pfeffer	

250 ml

KARTOFFEL-ERBSEN-SALAT MIT KORIANDER UND CHILI

Koriander ist eines der ältesten bekannten Gewürze und soll eine heilsame Wirkung besonders bei Entzündungskrankheiten besitzen. Aber er spaltet die Gemüter: Entweder man mag ihn, oder man mag ihn gar nicht. Wer nicht zu den Korianderfans gehört, ersetzt ihn hier durch Schnittlauch oder glatte Petersilie.

200 g	festkochende Kartoffeln
100 g	Erbsen
½	Bund frischer Koriander
½	rote Chili (mild oder scharf, optional)
1	Ei, gekocht und gepellt (aus Freilandhaltung)
	Salz und frisch gemahlener schwarzer Pfeffer

Kreuzkümmel-Koriander-Dressing

2 EL	griechischer Joghurt
	Saft und Abrieb von ½ unbehandelten Zitrone
3 EL	Apfelessig
¼ TL	Kreuzkümmelsamen
½ TL	gemahlene Koriandersamen
2 EL	Olivenöl

1. Den Joghurt mit 1 EL Zitronensaft, Zitronenschale, 1 TL Apfelessig, Kreuzkümmel, Koriandersamen und Olivenöl verrühren und mit genügend Salz und Pfeffer abschmecken. Das Dressing beiseitestellen und etwas ziehen lassen.

2. Die Kartoffeln schälen und in Salzwasser kochen, abgießen und zum Abkühlen nochmals kurz auf die noch warme Herdplatte stellen. Dann in eine Schüssel geben, mit 2 EL Apfelessig und einer guten Prise Salz vermischen und auskühlen lassen.

3. In der Zwischenzeit die Erbsen bissfest garen. Den frischen Koriander waschen, trocken tupfen und grob hacken. Die Chili halbieren und die Kerne entfernen, dann in feine Streifen schneiden.

4. Erbsen, Chili und ¾ des Korianders vorsichtig unter die abgekühlten Kartoffeln heben und das Ganze mit dem Dressing mischen. Nochmals mit Salz und Pfeffer abschmecken und ins Glas geben.

5. Zum Schluss das Ei mit einer feinen Reibe über den Salat reiben und mit etwas Pfeffer und dem restlichen Koriander dekorieren.

Resteverwertung: Kartoffeln vom Grill

Baby-Kartoffeln (so viele, wie man eben möchte) mit Olivenöl und Salz einreiben, in Alufolie einwickeln und für ca. 30 Minuten auf den Grill legen. Ricotta mit etwas Parmesan, Zitronenzesten, dem frischen Saft einer Zitrone, Salz und Pfeffer vermischen. Die Baby-Kartoffeln abkühlen lassen, halbieren, vorsichtig etwas aushöhlen und mit dem Zitronenricotta füllen.

KARTOFFEL-RADIESCHEN-SALAT MIT SCHNITTLAUCH

Für den Kartoffelsalat empfehlen wir festkochende Sorten, so zerfallen die Scheiben beim Mischen nicht. Als festkochend gelten z. B.: Annabelle, Celtiane, Charlotte, Ditta, Gourmandine, Nicola, La Ratte, Stella.

1. Kartoffeln schälen, weich kochen und abschrecken. Nebenbei 1 l Hühnerbrühe aufkochen und noch lauwarm über die Kartoffeln geben. Die Kartoffeln darin für 1–2 Stunden ziehen lassen.

2. Die Zwiebel schälen und die Radieschen waschen, beides fein hacken und den Schnittlauch fein schneiden, alles vermischen.

3. Kartoffeln abgießen, in mundgerechte Stücke schneiden und mit den anderen Zutaten vermischen. Den Kartoffelsalat für eine Stunde – oder bis zur Mittagspause – im Kühlschrank im Dressing ziehen lassen.

4. Für diesen Salat eignet sich das **Kräuter-Joghurt-Dressing**, zusätzlich noch 1 EL scharfen Senf unterrühren.

200 g	festkochende Kartoffeln
1 l	Hühnerbrühe
½	Zwiebel
5	Radieschen
20 g	Schnittlauch

ca. 100 ml **Kräuter-Joghurt-Dressing** (siehe S. 12)

1 EL scharfer Senf

KRESSE-RADIESCHEN-LÖWENZAHN-SALAT MIT SPECKSTREIFEN UND APFELCHIPS

Der Löwenzahn wird in der alternativen Medizin gegen viele Krankheiten eingesetzt, da er positive Auswirkungen auf den Zellstoffwechsel hat und die Leberfunktion anregt. Je heller die Blätter, umso milder ist er. Ist der Löwenzahn zu bitter, kann er in lauwarmes Wasser eingelegt werden.

75 g	Löwenzahn
50 g	Kresse
5	Radieschen
75 g	Speckstreifen
1	Apfel (Gala oder Jonagold)
1 EL	Zucker

ca. 100 ml **Ranch-Dressing**
(siehe S. 14) oder

ein anderes, eher säuerliches Dressing

1. Den Backofen auf 100 °C Ober- und Unterhitze vorheizen. Löwenzahn und Kresse getrennt waschen und zum Trocknen auf ein Küchenpapier legen. Danach die Radieschen waschen und in feine Scheiben schneiden. Den Apfel ebenfalls waschen, das Kerngehäuse entfernen und in größere Scheiben für die Chips schneiden.

2. Die Apfelscheiben auf ein mit Backpapier belegtes Blech legen und mit etwas Zucker bestreuen. Im Backofen ca. 30 Minuten trocknen und im ausgeschalteten Ofen auskühlen lassen.

3. Zuerst den Löwenzahn in das Glas geben, danach die Radieschen mit der Kresse vermischen, den Speck kurz in der Pfanne anbraten und beigeben und mit den Apfelchips dekorieren. Das **Ranch-Dressing** erst kurz vor dem Servieren ins Glas geben und das Glas zum Verteilen gut schütteln.

ROMANA-SPROSSEN-SALAT MIT KÄSE UND KNOBLAUCH-CROÛTONS

Romana-Salat ist eine unserer liebsten Salatsorten, er ist im Geschmack kräftiger als viele andere. Er ist die Hauptzutat des wohl bekanntesten Salates der USA, dem Cesar Salad. Daran ist dieses Rezept angelehnt, aber wir haben es mit Sprossen und Wasserkresse-Dressing weiterentwickelt.

1. Den Romana-Salat waschen, in feine Streifen schneiden, trocken schütteln und beiseitestellen. Die Sprossen waschen, die Zwiebel schälen, hacken und beides im Olivenöl kurz andünsten, danach auskühlen lassen.

2. Die Knoblauchzehe pressen, mit Olivenöl, Salz und Pfeffer verrühren. Das Brot in kleine Würfel schneiden und mit dem Knoblauchöl vermischen. Die Brotstücke in der Bratpfanne mit etwas Olivenöl goldbraun und knusprig anbraten.

3. Den Romana-Salat mit dem Sprossen-Zwiebel-Gemisch vermengen und sorgfältig in das Glas geben. Danach den Käse über den Salat reiben und mit den Croûtons garnieren.

4. Für das Dressing die Wasserkresse waschen, trocken schütteln und hacken, dann mit allen anderen Zutaten zu einer homogenen Sauce verrühren. Den Salat sofort mit dem Dressing servieren oder das Dressing in ein kleines Vorratsglas geben und kurz vor dem Servieren in das Salatglas geben. Schütteln, damit es sich gut untermischt.

75 g	Romana-Salat
50 g	Sprossen-Mix (z. B. Mungosprossen)
½	rote Zwiebel
2 EL	Olivenöl
1	Knoblauchzehe
1	Scheibe helles Brot
40 g	Parmesan
Salz und frisch gemahlener schwarzer Pfeffer	

Wasserkresse-Dressing

20 g	Wasserkresse
5 EL	Olivenöl
2 EL	Weinessig
1 EL	brauner Zucker

SPARGEL-PASTA-SALAT MIT BÄRLAUCH-DRESSING

Spargel wurde schon vor 5000 Jahren bei den Pharaonen verzehrt. In den Pyramiden fanden Forscher Abbildungen von Spargelmahlzeiten, die damaligen Spargelstangen waren jedoch kaum dicker als ein Grashalm. Warum die Pasta auf dem Foto so rosa ist? Das sind Farfalle mit einem Hauch von Roter Bete.

100 g	Pasta (z. B. Schmetterlinge oder Spiralen)
2–3	grüne Spargelstangen
1 EL	Zitronensaft
1	Ei, gekocht und gepellt (aus Freilandhaltung)
1	getrocknete Tomate
½	rote Chili (optional)
80 g	Parmesan

Bärlauch-Dressing

2–3	Bärlauchblätter
30 g	Sahne
1 EL	Weißweinessig
1 TL	Senf
Salz und frisch gemahlener schwarzer Pfeffer	

1. Die Pasta gemäß Packungsanweisung „al dente" kochen, mit kaltem Wasser abschrecken, abgießen und zum Auskühlen beiseitestellen.

2. Den Spargel waschen, mit einem Sparschäler schälen und in feine Streifen hobeln. Mit etwas Zitronensaft beträufeln und ebenfalls beiseitestellen.

3. Das Ei und die getrocknete Tomate fein hacken. Die Chili waschen, entkernen, in feine Streifen schneiden und dazugeben.

4. Für das Dressing die Bärlauchblätter waschen, trocken schütteln und fein hacken, dann mit allen anderen Zutaten in der Küchenmaschine zu einer homogenen Sauce mixen und mit dem Salat vermengen. Den Salat ins Glas geben. Den Parmesan fein hobeln und am Schluss auf den Salat geben.

ORECCHIETTE-SPARGEL-LAUCH-SALAT MIT SCHINKEN

Eine alte Bauernregel besagt: „Kirschen rot – Spargel tot". Die Spargelsaison dauert je nach Region etwa zwei Monate.

1. Den Backofen auf 160 °C Ober- und Unterhitze vorheizen. Die Orecchiette im Salzwasser kochen, abgießen und kalt abschrecken. Auskühlen lassen.

2. Den Spargel schälen und in feine Stücke schneiden. Den Lauch putzen, längs aufschneiden, gründlich waschen und in feine Streifen schneiden. Den Schinken in kleine Stücke schneiden. Alles auf einem Backblech verteilen und mit etwas Olivenöl, Salz und Pfeffer vermischen und im Backofen für 20 Minuten garen.

3. Die Kräuter waschen, trocken schütteln und mit etwas Olivenöl pürieren, über das noch warme Gemüse verteilen und alles auskühlen lassen.

4. Mit den Orecchiette vermischen, ins Glas geben und für ca. 2 Stunden – oder bis zur Mittagspause – im Kühlschrank kühl stellen, so zieht alles durch und entfaltet ein herrliches Aroma.

50 g	Orecchiette
50 g	grüner Spargel
20 g	Lauch
75 g	gekochter Schinken am Stück
1 EL	Olivenöl
20 g	glatte Petersilie
30 g	Basilikum
Salz und frisch gemahlener schwarzer Pfeffer	

SPINAT-SPARGEL-SALAT MIT TROCKENFLEISCH UND EI

Enden und Schalen vom Spargel kann man mit etwas Wasser aufkochen und als Brühe verwenden. Man schält Spargel immer von oben nach unten, also vom Kopf zum Schnittende, die Spargelspitze auslassen. Beim weißen Spargel sind die Enden etwas holziger, daher großzügig abschneiden.

6	grüne Spargelstangen
½	Schalotte
2 TL	Butter
3	Radieschen
1	Ei, gekocht und gepellt (aus Freilandhaltung)
3 g	Schnittlauch
2 EL	Naturjoghurt
50 g	Spinat
5 Scheiben Trockenfleisch (z. B. Bündner Fleisch, idealerweise regional)	
Salz und frisch gemahlener schwarzer Pfeffer	

1. Am unteren Ende der Spargelstangen ca. 2 cm wegschneiden, den restlichen Spargel waschen und schälen. Den Spargel leicht schräg (das sieht schöner aus) in feine Stücke schneiden. Die Schalotte schälen und hacken. Den Spargel in der Pfanne bei starker Hitze mit etwas Butter für etwa 5 Minuten bei hoher Hitze braten. Nach 3 Minuten die Schalotte dazugeben und alles miteinander vermischen, danach abkühlen lassen.

2. Die Radieschen waschen und in feine Scheiben schneiden, das Ei würfeln, den Schnittlauch waschen, trocken schütteln, fein schneiden und alles vermischen. Mit Joghurt, etwas Salz und Pfeffer abschmecken.

3. Den Spinat waschen, trocken schleudern und in das Glas legen, den abgekühlten Spargel darauf betten und die Radieschen-Ei-Schnittlauch-Mischung auf dem Spargel verteilen. Das Trockenfleisch leicht rollen und als letzte Schicht beigeben.

SPARGELSUPPE MIT ROHSCHINKEN-CHIPS

Vegetarier verwenden für diese Suppe anstelle von Rohschinken fein geschnittenes Gemüse. Man kann Spargelsuppe auch einfrieren und nach der Spargelsaison genießen.

1. Den Backofen auf 180 °C Ober- und Unterhitze vorheizen. Den Spargel schälen und die unteren, holzigen Teile wegschneiden. Die Spargelstangen in kleine Stücke schneiden. Die Schalotte schälen, hacken, mit den Spargelstücken in der Butter andünsten und mit der Gemüsebrühe ablöschen. Für 20 Minuten bei mittlerer Hitze kochen und anschließend mit dem Mixer pürieren. Die Sahne dazugeben und mit Salz und Pfeffer abschmecken.

2. Den Rohschinken in mittelgroße Stücke schneiden und im Backofen ca. 12 Minuten auf einem mit Backpapier belegten Blech knusprig werden lassen.

3. Die Suppe mit den lauwarmen Rohschinken-Chips servieren. Zum Mitnehmen portionsweise in gut verschließbare Vorratsgläser füllen und die Rohschinken-Chips separat in einer Vorratsdose transportieren. Vor dem Servieren die Suppe aufwärmen und mit den Chips garnieren.

Für 4 Personen	
600 g	weißer Spargel
1	Schalotte
20 g	Butter
300 ml	Gemüsebrühe
300 g	Sahne
150 g	Rohschinken
Salz und frisch gemahlener schwarzer Pfeffer	

WEISSKOHL-ERDNUSS-SALAT MIT RINDFLEISCH

Frühlingszwiebeln sind das ganze Jahr auf dem Markt erhältlich, allerdings schmecken sie im Frühling am besten.

200 g	Weißkohl
50 g	Frühlingszwiebeln
1 EL	Olivenöl
100 ml	Weißwein
200 g	Bio-Rindfleisch, möglichst aus der Region
30 g	Erdnüsse
20 g	glatte Petersilie
1 Prise	Salz

Tomaten-Honig-Chili-Marinade

1 EL	Tomatenmark
1 EL	Honig
1 TL	Chilipulver
1 EL	Zucker
1 EL	roter Balsamico
1 Tropfen	Tabasco

1. Den Weißkohl und die Frühlingszwiebeln in feine Streifen schneiden, waschen und mit wenig Olivenöl und etwas Salz vermischen. Mit dem restlichen Olivenöl in der Pfanne andünsten, mit Weißwein ablöschen und die Pfanne vom Herd nehmen.

2. Das Rindfleisch in feine Streifen schneiden. Für die Marinade alle Zutaten gut verrühren und das Fleisch darin marinieren. Danach kurz in einer zweiten Pfanne zusammen mit den Erdnüssen anbraten und mit dem Weißkohl und den Frühlingszwiebeln vermischen.

3. Alles in das Glas geben und mit der Petersilie garnieren.

HÄHNCHEN-SELLERIE-RHABARBER-SALAT MIT ZIEGENKÄSE IM SPECKMANTEL

Rhabarber hat von April bis Juni Saison. Frischen Rhabarber erkennt man an den festen und glänzenden Stangen. Am besten lässt er sich in einem feuchten Tuch aufbewahren. Wer ihn einfrieren möchte, sollte ihn in kleine Stücke schneiden.

1. Den Backofen auf 150 °C Ober- und Unterhitze vorheizen. Den Rhabarber und den Sellerie waschen und in ca. 2 cm große Stücke schneiden. Die Zwiebel schälen und fein hacken. Die Butter in der Pfanne etwas erhitzen, Zwiebel, Rhabarber und Sellerie andünsten und mit dem Kirschnektar ablöschen. Für 5 Minuten bei zugedeckter Pfanne ziehen lassen, danach abgießen und abkühlen lassen.

2. Für die Marinade alle Zutaten gut verrühren und die Hähnchenbrust damit einreiben, danach in einer zweiten Pfanne kurz und heiß anbraten, in Alufolie einpacken und im Backofen für 8 Minuten garen. Abkühlen lassen und leicht schräg in feine Streifen schneiden.

3. Die Backofentemperatur auf 180 °C Ober- und Unterhitze erhöhen. Den Ziegenkäse in den Frühstücksspeck einwickeln, ein wenig Butter mit dem Paniermehl vermischen und über den Ziegenkäse geben. In eine ofenfeste Form geben und für 8 Minuten in den Backofen stellen.

4. Den Sellerie-Rhabarber-Mix in das Glas geben, die geschnittene Hähnchenbrust darauflegen. Ist der Ziegenkäse etwas abgekühlt, kommt er als letzte Schicht in das Glas.

100 g	Rhabarber
200 g	Stangensellerie
¼	Zwiebel
2 EL	Butter
100 ml	Kirschnektar
150 g	Bio-Hähnchenbrust, möglichst aus der Region
100 g	Ziegenkäse (Rolle)
2 Scheiben Frühstücksspeck	
1 EL	trockenes, zerkrümeltes Brot oder Paniermehl

Senf-Honig-Marinade

2 EL	roter Balsamico
1 EL	Senf
2 EL	Honig
Salz und frisch gemahlener schwarzer Pfeffer	

sauer macht lustig

LIMETTEN

AUFGEGABELT

BLAU-BEEREN

FRISCH GEPFLÜCKT

LÖWENZAHN

BUNTER JUNGSALAT
MIT GERÖSTETEN KICHERERBSEN

Bei den gerösteten Kichererbsen lohnt es sich, gleich eine größere Menge zuzubereiten. Sie sind ein leckerer und gesunder Snack für zwischendurch.

3 EL	gekochte Kichererbsen aus dem Glas
2 TL	Za'atar (siehe unten)
2 EL	Olivenöl
40 g	Jungsalat oder Babyspinat
100 g	Salatgurke
2 kleine Tomaten	
½ Bund glatte Petersilie	

ca. 100 ml **Kräuter-Joghurt-Dressing** (siehe S. 12)

Za'atar

ist eine orientalische Gewürzmischung, die vor allem aus getrocknetem Thymian, Sumach, Salz und Sesamsamen besteht. Lokale Variationen können zusätzlich auch Majoran, Kreuzkümmel, Anis, Fenchel, Koriander oder Zimt enthalten. Wenn Za'atar nicht erhältlich ist, gibt man ½ gepresste Knoblauchzehe, ½ TL getrockneten Oregano und 1 Prise Salz zum Öl.

1. Den Ofen auf 200 °C Ober- und Unterhitze vorheizen. Die Kichererbsen in ein Sieb geben und die Einlegeflüssigkeit unter fließendem Wasser gründlich abspülen. Gut abtropfen lassen und zwischen zwei Lagen Küchenpapier gut trocknen. Die sich lösenden Hülsen nach Belieben entfernen oder belassen, durchs Rösten werden sie besonders knusprig.

2. Za'atar mit dem Olivenöl in eine Schüssel geben. Die Kichererbsen dazugeben und alles gut vermischen. Ein Backblech mit Backpapier auslegen und die Kichererbsen darauf ausbreiten.

3. Die Kichererbsen in der Ofenmitte ca. 20 Minuten rösten, bis sie außen schön knusprig sind. Achtung: Die Hülsenfrüchte tendieren dazu, im Ofen zu „explodieren", deshalb empfiehlt es sich, die Kichererbsen mit etwas Alufolie zu bedecken, dabei einige Löcher in die Folie stechen, damit der Dampf entweichen kann.

4. Den Jungsalat waschen und trocken tupfen. Die Gurke schälen und in dünne Scheiben schneiden, die Tomaten waschen, Stielansätze entfernen und die Tomaten klein würfeln. Die Petersilie waschen, trocken schütteln und grob hacken. Die dünnen Teile der Stiele mitverwenden, sie sind voller Aroma.

5. Alle Zutaten mischen und zum Schluss die abgekühlten Kichererbsen darauf verteilen. Dazu passt am besten das **Kräuter-Joghurt-Dressing**.

TOMATENSALAT MIT KARAMELLISIERTEN ZWIEBELN UND MELONE

Dieser Salat schmeckt nach Sommer. Die Zutaten dafür sollten auch nur dann gekauft werden, denn dann haben sie ihren vollen Geschmack. Wir servieren diesen Salat zu jeder Grillparty und garnieren ihn mit frischem Basilikum und etwas Parmesan.

1. Die Zwiebel schälen und in feine Streifen schneiden. Eine Bratpfanne mit wenig Bratfett erhitzen, die Zwiebelstreifen beigeben und unter Rühren braten, bis sie eine schöne goldbraune Farbe bekommen. Zum Schluss den Zucker beigeben und kräftig rühren, damit der Zucker leicht karamellisiert. Vom Herd nehmen und beiseitestellen.

2. Die Tomaten waschen, halbieren und mit dem Pfeffer würzen. Die Melone schälen, entkernen, in Würfel von etwa der Größe der Tomatenhälften schneiden. Die Tomaten nach Farbe ins Glas schichten (z. B. Orange – Gelb – Rot), dann die Melonenwürfel darauf verteilen. Die Basilikumblätter waschen, trocken schütteln und in feine Streifen schneiden. Den Salat mit den Zwiebeln, den Basilikumstreifen und Parmesan garnieren. Dazu passt das **Balsamico-Dressing**.

50 g	Zwiebel
1 TL	Bratfett
20 g	Rohrohrzucker
150 g	rote Cherrytomaten
50 g	gelbe Cherrytomaten
50 g	orange Cherrytomaten
150 g	Charentais-Melone
3 große, frische Basilikumblätter	
Parmesan zum Servieren	
frisch gemahlener schwarzer Pfeffer	

Balsamico-Dressing (siehe S. 12)

TOMATENSUPPE

Sie ist unser absoluter Favorit und wir ernten dafür immer wieder Lob. Die im Ofen gerösteten Tomaten geben ein ganz besonderes Aroma frei. Die Suppe schmeckt auch kalt köstlich.

(4)

Für 4 Personen

Rösttomaten

6	reife Tomaten
3	Rosmarinzweige
1	mittelgroße Zwiebel
3	Knoblauchzehen
50 ml	Olivenöl

Suppe

100 g	Tomatenpüree
2 EL	gekörnte Gemüsebrühe
50 ml	Rotwein (es darf ruhig ein stärkerer Tropfen sein)
20 g	Sahne

Salz und frisch gemahlener schwarzer Pfeffer

1. Für eine ganz exklusive Suppe die ganzen Tomaten kurz überbrühen, häuten und das Kerngehäuse entfernen.

2. Den Backofen auf 150 °C Ober- und Unterhitze vorheizen. Die Tomaten waschen, Stielansätze entfernen. Tomaten achteln, die Rosmarinzweige waschen und trocken schütteln, die Nadeln vom Zweig streifen, die Zwiebel und den Knoblauch schälen und grob hacken und alles mit den restlichen Zutaten in einer Schüssel gut durchmischen. Auf ein mit Backpapier ausgelegtes Backblech legen und 20 Minuten schmoren lassen. Danach in einen Topf geben und pürieren.

3. Die pürierten Tomaten mit 300 ml Wasser und dem Tomatenpüree aufkochen, dann die gekörnte Brühe hinzugeben und rühren. Den Rotwein unterrühren und etwas köcheln lassen (ca. 15 Minuten). Die Sahne hinzugeben und nochmals aufkochen. Mit Salz und Pfeffer abschmecken.

MEDITERRANER SALAT MIT ROHSCHINKEN

Dieser Salat ist schlichtweg ein wenig Sommer zum Mitnehmen: leicht, bunt und reich an verschiedenen Aromen. Das Besondere ist das Zusammenspiel der Süße aus Melone und Tomate mit den Bitterstoffen des Cicorino rosso und dem Salz von Gemüse und Käse.

1. Die Champignons putzen, Zucchini, Aubergine und Paprika waschen, putzen und alles fein würfeln. Die Zwiebel schälen, fein hacken und mit dem Olivenöl in der Pfanne kurz anbraten. Das gewürfelte Gemüse hinzugeben und ein paar Minuten mitbraten. Mit Salz und Pfeffer würzen und abkühlen lassen.

2. In der Zwischenzeit die Cherrytomaten waschen und vierteln, das Melonenfruchtfleisch und den Schinken würfeln. Die Basilikumblätter waschen, trocken schütteln und in Streifen schneiden. Diese vier Zutaten miteinander mischen, etwas Basilikum für die Garnitur zurückbehalten.

3. Die abgekühlte Gemüsemischung als erste Schicht ins Glas geben. Darauf kommen Tomaten, Melone und Rohschinken. Den Cicorino rosso waschen, trocknen, in Streifen schneiden und als letzte Schicht beigeben, dann den Sbrinz grob darüberhobeln. Mit den restlichen Basilikumstreifen sorgfältig garnieren.

4. Zu diesem Salat passt am besten das **Balsamico-Dressing**.

50 g	weiße Champignons (ca. 2 Stück)
50 g	Zucchini
50 g	Aubergine
50 g	rote Paprika
35 g	rote Zwiebel (ca. ½ Zwiebel)
1 EL	Olivenöl
50 g	Cherrytomaten
50 g	Honigmelonen-Fruchtfleisch
50 g	Rohschinken
3	Basilikumblätter
10 g	Cicorino rosso (Radicchio)
20 g	Sbrinz (alternativ Parmesan)
Salz und frisch gemahlener schwarzer Pfeffer	

ca. 100 ml **Balsamico-Dressing**
(siehe S. 12)

VEGANER CESAR SALAD

Endlich ein Cesar Salad für Veganer – anstelle eines Dressings mit Ei haben wir ein leichtes Mandel-Dressing entwickelt.

60 g	Weißbrot
20 g	Pflanzenmargarine
100 g	Räuchertofu (Bioqualität), alternativ veganer Käse
20 g	Zwiebeln
10 g	Speiseöl
5 g	Agavendicksaft
1	junger Lattich
60 g	Kichererbsen aus dem Glas
10 g	Kapern
30 g	Karotten
10 g	Schnittlauch
5 g	Petersilie

Mandel-Dressing

½	Zwiebel
1	Knoblauchzehe
20 ml	Gemüsebrühe
1 EL	Weißweinessig
1 EL	Dijon-Senf
10 g	Mandelmus
1 Spritzer	Worcestershiresauce
1 Msp.	Zucker
1 TL	Zitronensaft, frisch gepresst
30 ml	neutrales Speiseöl (z. B. Sonnenblumenöl)
	Salz und frisch gemahlener schwarzer Pfeffer

1. Das Weißbrot in grobe Würfel schneiden, in einer heißen Pfanne ohne Zugabe von Fett rösten, bei der gewünschten Färbung die Margarine dazugeben und vom Herd nehmen. Mit Salz abschmecken und in einer Schüssel abkühlen lassen.

2. Den Räuchertofu in Würfel schneiden, die Zwiebeln schälen, fein würfeln und beides im Öl kräftig anbraten, abschmecken und die noch warme Mischung mit Agavendicksaft beträufeln.

3. Den Lattich waschen, putzen, halbieren und in feine Streifen schneiden. Die Kichererbsen in ein Sieb schütten und gründlich unter kaltem Wasser abspülen. Die Kapern hacken, die Karotten schälen und grob reiben und in einer Schüssel mit dem Lattich und den Kichererbsen mischen.

4. Für das Dressing Zwiebel und Knoblauch schälen und grob schneiden, mit wenig Öl in einer Pfanne glasig dünsten, mit der Gemüsebrühe ablöschen und 5 Minuten leicht köcheln lassen. Ist die Brühe etwas abgekühlt, Essig, Dijon-Senf, Mandelmus, Worcestershiresauce, Salz, Zucker und den Zitronensaft dazugeben. Das Gemisch mit dem Pürierstab fein mixen. Das Öl nun langsam in dünnem Strahl dazugeben und immer weitermixen, damit eine schöne Emulsion entsteht. Mit Salz und Pfeffer abschmecken.

5. Das Dressing gut mit dem Salat mischen und in das Glas füllen, mit dem Tofu und den Brotwürfeln garnieren. Schnittlauch und Petersilie waschen und trocken schütteln. Den Schnittlauch fein schneiden, die Petersilie fein hacken und beides über den Salat streuen.

500 ml

Vegane Mayo mit Mandelmus

ergibt jeweils ca. 150 g

50 g	Mandelmus
5 TL	Zitronensaft
5 TL	Senf
	Sonnenblumenöl
	Salz und frisch gemahlener schwarzer Pfeffer

Alle Zutaten außer dem Öl gut miteinander vermischen, dann unter ständigem Rühren so viel Sonnenblumenöl dazugeben, bis eine dicke, geschmeidige Masse entsteht. Nochmals gut mit Salz und Pfeffer abschmecken.

Vegane Mayo mit Hafermilch

1 EL	Weißweinessig
1 TL	Zitronensaft
70 ml	Hafermilch (alternativ ungesüßte Soja- oder Mandelmilch)
10 g	Guarkernmehl
1 TL	Senf
5 EL	Sonnenblumenöl

Alle Zutaten außer dem Sonnenblumenöl miteinander mixen. Dann unter ständigem Rühren das Sonnenblumenöl dazugeben, bis eine geschmeidige Masse entsteht.

VEGANER COLESLAW MIT MAYONNAISE

200 g	Weißkohl
250 g	Karotten
1 EL	Agavendicksaft oder Zucker
10 g	Schnittlauch
	Salz und frisch gemahlener schwarzer Pfeffer

Mandel-Mayonnaise

1 EL	Weißweinessig
1 EL	Zitronensaft, frisch gepresst
1 EL	vegane Mayonnaise (eine der zwei Rezeptvarianten links auswählen)
10 g	Mandelmus
1 TL	Senf
½ TL	mildes Currypulver
25 ml	neutrales Öl (z. B. Sonnenblumenöl)

1. Den Weißkohl waschen und sehr fein schneiden, die Karotten schälen und fein reiben. Beides gut vermischen und mit Salz und Agavendicksaft oder Zucker leicht marinieren. Etwa 10 Minuten ziehen lassen.

2. Für das Dressing Essig, Zitronensaft, vegane Mayonnaise, Mandelmus, Senf und Currypulver gut miteinander verrühren und das Öl am Schluss langsam unter ständigem Rühren hinzufügen. Das Dressing abschmecken und mit dem Salat mischen.

3. Den fertigen Salat nochmals mit Salz und Pfeffer abschmecken und ins Glas geben. Den Schnittlauch waschen, trocken schütteln, fein schneiden und über den Salat geben.

VEGANER SEITAN-BROT-SALAT

Seitan wird aus Weizeneiweiß hergestellt und ist Teil der traditionellen japanischen Tempura-Küche.

500 ml

120 g	Seitan (erhältlich im Reformhaus, alternativ Bio-Räuchertofu)	
1 EL	Rapsöl	
30 g	Zwiebeln	
100 g	Vollkornbrot (am besten reines Dinkelvollkornbrot)	
100 g	Tomaten	
10 g	frisches Basilikum	
80 g	Charentais-Melone	
10 g	Sonnenblumenkerne	
10 g	Kürbiskerne	
Salz und frisch gemahlener schwarzer Pfeffer		
Agavendicksaft oder Vollrohrzucker		

1. Den Seitan in grobe Würfel schneiden, in einer Bratpfanne im heißen Rapsöl anbraten. In der Zwischenzeit die Zwiebeln fein schneiden und das Vollkornbrot würfeln. Sobald der Seitan goldbraun ist, die Zwiebeln dazugeben und mit Salz, Pfeffer und Agavendicksaft oder Rohrzucker abschmecken, nach 3 Minuten die Brotwürfel hinzufügen und nur noch kurz erhitzen.

2. Die Tomaten waschen, den Stielansatz entfernen und grob würfeln. Das Basilikum waschen, trocken schütteln und die Blätter sehr fein schneiden. Den Seitan-Mix noch lauwarm unter die Tomaten mischen, abschmecken und mit wenig Basilikum verfeinern.

3. Die Melone entkernen und würfeln. Die Hälfte des Salates in das Glas geben, eine Schicht Melonenwürfel darauf verteilen, anschließend die zweite Hälfte des Salates hinzufügen und mit den restlichen Melonenwürfeln abschließen. Mit Basilikum und Kürbiskernen garnieren.

PANZANELLA – MEDITERRANER BROTSALAT

Die Inspiration zu diesem knackigen Sommersalat haben wir uns in der Toskana geholt. Da einige Zutaten nicht heimisch sind, empfehlen wir, sie in einem italienischen Feinkostgeschäft zu kaufen und damit kleine, lokale Betriebe in Italien zu unterstützen.

500 ml

2 Scheiben Ciabatta	
3–4 EL	Rotweinessig
1	rote Zwiebel
½	gelbe Paprika
1	Tomate
100 g	Salatgurke
1 Bund	frisches Basilikum
5	schwarze Oliven
1 TL	Kapern (optional)
1 EL	Olivenöl
Salz und frisch gemahlener schwarzer Pfeffer	

1. Den Backofen auf 200 °C Grill und Unterhitze vorheizen. Die Brotrinde entfernen und das Brot mit den Händen in mundgerechte Stücke zupfen. Die Brotstücke in eine Schale geben, mit Wasser bedecken und 1 EL Rotweinessig dazugeben.

2. Die Zwiebel schälen und in Ringe schneiden und ebenfalls in einer Schale mit Wasser und 1 EL Rotweinessig beiseitestellen.

3. Die Paprika waschen, halbieren und putzen und im Backofen unter dem Grill rösten, bis die Haut schwarze Blasen wirft. Herausnehmen und unter einem feuchten Küchentuch etwas abkühlen lassen. Dann die Haut abziehen und die Paprika in kleine Würfel schneiden.

4. Die Tomate waschen, Stielansatz entfernen, die Gurke ebenfalls waschen und beides in kleine Würfel schneiden. Das Basilikum waschen, trocken schütteln, die Blätter abzupfen und grob hacken.

5. Nun die Brotstücke aus der Flüssigkeit nehmen und gut abtropfen lassen, wenn nötig ein wenig ausdrücken. Die Zwiebeln abgießen und zusammen mit Gurke, Tomate, Basilikum, Paprika, Oliven und Kapern zum Brot geben.

6. Den Salat ins Glas geben, mit gutem Olivenöl und Rotweinessig beträufeln und mindestens eine Stunde im Kühlschrank ziehen lassen. Vor dem Servieren mit Salz und Pfeffer abschmecken.

TOMATEN-PAPRIKA-SALAT MIT WEISSEN BOHNEN UND GERÄUCHERTER FORELLE

Wir beziehen unsere Forelle aus einem Bio-Betrieb aus der Region, wo die Forellen in einem mineralreichen Bergsee mit Schattenplätzen leben. Die Fische werden in niedrigen Bestandsdichten gehalten und dürfen aufwachsen wie in der Natur. Wer keinen so tollen Produzenten in der Nähe hat, achtet einfach auf Bio-Ware.

1	Tomate
¼	rote Paprika (ca. 50 g)
¼	grüne Paprika (ca. 50 g)
¼	grüne Paprika (ca. 50 g)
½	rote Zwiebel
2–3 EL	weiße Bohnen aus der Dose
1 TL	edelsüßes Paprikapulver
3 EL	Olivenöl
2 EL	Rotweinessig
1	geräuchertes Forellenfilet (ca. 80–100 g)
Abrieb von ½ unbehandelten Zitrone	
1 EL	Schnittlauch
Salz und frisch gemahlener schwarzer Pfeffer	
dunkles Brot zum Servieren	

1. Die Tomate waschen, Stielansatz entfernen, die Tomate vierteln, entkernen und in kleine Würfel schneiden. Die Paprika waschen, putzen, halbieren und ebenfalls fein würfeln. Die Zwiebel schälen, halbieren und in sehr feine Ringe schneiden. Die Bohnen in ein Sieb geben und unter fließendem Wasser gut abspülen.

2. Alles in eine Schüssel geben und mit Paprikapulver, Olivenöl, Rotweinessig und einer Prise Salz vermischen und zum Marinieren für mindestens eine Stunde in den Kühlschrank stellen. Vor dem Servieren nochmals mit Salz und Pfeffer abschmecken.

3. Das Forellenfilet in Streifen schneiden, auf den Salat geben und die Zitronenschale darüberstreuen. Den Schnittlauch waschen, trocken schütteln, fein schneiden und zum Schluss als Garnitur über den Salat geben. Dazu passt dunkles Brot.

KOHLRABI-ERDBEEREN-NEKTARINEN-SALAT

Kohlrabi ist reich an Vitaminen und Spurenelementen, er liefert neben Vitamin C und Beta Carotin auch Phosphor, Kalium, Magnesium, Jod und Kalzium.

1. Den Kohlrabi schälen und in kleine Stäbchen schneiden, die Nektarinen waschen, entsteinen und so gut wie möglich in etwa die gleiche Form und Größe schneiden. Die Erdbeeren waschen, putzen und vierteln. Die Minze waschen, trocken schütteln und fein schneiden.

2. Den Glasboden mit der Hälfte des Kohlrabis belegen, danach die Hälfte der Nektarinen dazugeben. Den Vorgang wiederholen, sodass je zwei schöne Schichten entstehen. Zum Schluss die Erdbeerenstücke darüber verteilen und mit der Minze garnieren.

3. Dazu passt das **Basalmico-Dressing**, für Nichtveganer das **Frischkäse-Dressing**.

200 g	Kohlrabi
150 g	Nektarinen
60 g	Erdbeeren
10 g	Minze

ca. 100 ml **Balsamico-Dressing** (siehe S. 12) oder

Frischkäse-Dressing (S. 12)

RUCOLA MIT GEGRILLTEM ZIEGENKÄSE, ZUCCHINI UND PFIRSICH

Ziegenkäse gibt es in zahlreichen Varianten von mild-cremig bis kräftig-würzig. Hier verwenden wir einen Ziegenweichkäse.

500 ml

70 g	Zucchini
4 EL	Olivenöl
1	Knoblauchzehe, gepresst
½ TL	getrockneter Thymian
1 EL	roter Balsamico
70 g	Rucola
1	reifer Pfirsich
60 g	weicher Ziegenkäse (z. B. Chavroux Tendre Bûche)
1 TL	flüssiger Honig
1 TL	rosa Pfefferkörner

Salz und frisch gemahlener schwarzer Pfeffer

Baguette, getoastet, zum Servieren

1. Den Ofen auf 220 °C Grill und Unterhitze vorheizen. Die Zucchini waschen, putzen, fein würfeln und in einer Schüssel mit 1 EL Olivenöl, Knoblauch, Thymian, einer Prise Salz und etwas Pfeffer vermengen. Auf einem mit Backpapier belegten Backblech verteilen und 3–5 Minuten direkt unter dem Grill rösten. Herausnehmen und abkühlen lassen.

2. In einer kleinen Schüssel 2 EL Olivenöl mit 1 EL Balsamico vermengen, salzen, pfeffern und beiseitestellen.

3. Den Rucola waschen, trocken schütteln und auf dem Teller verteilen. Den Pfirsich waschen, halbieren, vom Kern befreien und in dünne Schnitze schneiden. Wer die Haut des Pfirsichs nicht mag, kann die Frucht ganz kurz in kochendes Wasser tauchen. Danach lässt sich die Haut ganz einfach abziehen. Zusammen mit den Zucchiniwürfeln auf dem Rucolabett verteilen.

4. Den Ziegenkäse in fingerdicke Scheiben schneiden und auf demselben Backblech 3 Minuten unter den Grill stellen. Den Käse noch warm auf den Salat legen, mit dem Honig beträufeln und einige rosa Pfefferkörner darüberstreuen. Zum Schluss das Balsamico-Olivenöl-Dressing daraufgeben und den Salat mit einem getoasteten Stück Baguette servieren.

NUSSIGER ZUCCHINI-BASILIKUM-SALAT

Die Zucchini-Variation kann auch warm serviert werden. Die Zucchinistreifen kurz andünsten, in der heißen Pfanne alles vermischen und abschmecken.

350 g	Zucchini
75 g	Cherrytomaten
50 g	Zwiebeln
½ Bund	Basilikum
25 g	Haselnüsse
15 g	Mandeln
10 g	Cashewnüsse
½	Knoblauchzehe
2 EL	Olivenöl Extra Vergine
1 Prise	Muskatnuss, frisch gerieben
1 TL	Zitronensaft, frisch gepresst
1 Prise	Zucker
1 Msp.	Cayennepfeffer
Salz und frisch gemahlener schwarzer Pfeffer		

1. Die Zucchini waschen, die Enden wegschneiden und dann mit dem Sparschäler in lange Streifen schälen, die Bandnudeln gleichen. Die Cherrytomaten waschen und vierteln, die Zwiebeln schälen und grob schneiden.

2. Das Basilikum waschen und trocken schütteln. Ein wenig Basilikum, Cherrytomate und eine Cashew zum Garnieren beiseitelegen. Das Basilikum mit den Nüssen und Mandeln, den Zwiebeln, dem Knoblauch, Olivenöl und den Gewürzen fein hacken, sodass eine Art Pesto entsteht, dieses nach Belieben nochmals abschmecken. Das Pesto darf leicht versalzen sein.

3. Alles zusammen vorsichtig vermischen und in ein Glas abfüllen, mit einem Cherrytomatenviertel und etwas Basilikum garnieren und die Cashewnuss darüberhobeln.

REIS-ERBSEN-SALAT MIT FETA UND PINIENKERNEN

Frische Erbsen haben von Juni bis September Saison, man kauft sie in Schoten und pult sie heraus. Der Aufwand lohnt sich, denn frisch sind sie besser. Nicht nur im Geschmack: Sie enthalten so noch mehr Protein und andere Nährstoffe als die tiefgekühlten. Aber auch tiefgekühlte Erbsen sind von guter Qualität, denn sie werden frisch schockgefrostet und behalten so ihre intensive Farbe und die meisten Nährstoffe.

1. Den Backofen auf 180 °C Umluft vorheizen. Den Reis nach Verpackungsangabe mit der gekörnten Brühe kochen, abgießen und abkühlen lassen.

2. Die Erbsen mit den Pinienkernen in der Butter etwas andünsten und in der warmen Pfanne abkühlen lassen.

3. Die Cherrytomaten waschen, vierteln und auf ein kleines, mit Backpapier belegtes Backblech legen. Die Zwiebel schälen und fein hacken, über die Cherrytomaten streuen. Mit etwas Olivenöl beträufeln. Den Thymian waschen, trocken schütteln und die Blättchen vom Stiel zupfen. Die Blättchen über die Tomaten geben, mit Salz und Pfeffer würzen. Für ca. 10 Minuten in den Backofen geben, bis sich das Aroma der Tomaten entfaltet. Danach abkühlen lassen. Erbsen, Pinienkerne und Reis mit den Tomaten vermischen. Den Feta zerbröseln und über den Salat geben.

4. Die Basilikumblätter waschen, trocken schütteln, in dünne Streifen schneiden und als Garnitur verwenden.

25 g	Reis
1 EL	gekörnte Gemüsebrühe
50 g	tiefgekühlte Erbsen
20 g	Pinienkerne
1 EL	Butter
100 g	Cherrytomaten
½	rote Zwiebel
1 EL	Olivenöl
20 g	Thymian
60 g	Feta
20 g	Basilikumblätter
Salz und frisch gemahlener schwarzer Pfeffer	

500 ml

KOHL-KAROTTEN-SALAT MIT WALDBEEREN

Eine mutige Kombination, die sich lohnt!
Die süßen und sauren Beeren harmonieren
perfekt mit dem bitteren Weißkohl.

150 g	Karotten
200 g	Weißkohl
100 g	Rotkohl
25 g	frische Erdbeeren
20 g	frische Heidelbeeren
20 g	frische Himbeeren
1 TL	Zitronensaft, frisch gepresst
20 g	Zucker

Himbeer-Dressing

20 g	Himbeeressig
10 g	Senf
60 g	Sonnenblumenöl
15 g	Zucker
10 g	Schnittlauch, fein geschnitten
	Salz und frisch gemahlener schwarzer Pfeffer

1. Die Karotten schälen und grob reiben, die beiden Kohlsorten waschen und in ganz dünne Streifen schneiden. Zuerst die Hälfte des Weißkohls ins Glas schichten, danach den Rotkohl und anschließend die Karotten. Mit einer weiteren Schicht Weißkohl abschließen.

2. Für das Dressing alle Zutaten außer dem Öl mixen, dann das Öl langsam unter ständigem Mixen dazugeben. Das Dressing abschmecken, es darf schön würzig sein.

3. Das Dressing gleichmäßig über den Salat verteilen. Die Beeren waschen, halbieren, mit Zitronensaft und Zucker marinieren und als Topping über den Salat geben.

ERDBEER-PFIRSICH-SALAT
MIT ROSMARINSIRUP

Erdbeeren mit Rosmarin zu kombinieren, darauf kamen wir, als wir in einem Delikatessengeschäft eine Erdbeer-Rosmarin-Konfitüre entdeckten. Und so tüftelten wir mit frischem Rosmarin aus dem Garten, bis dieser unverwechselbare Salat entstand.

1. Zuerst wird der Rosmarinsirup zubereitet, denn er muss vor der weiteren Verwendung vollständig abgekühlt sein. Dazu 200 ml Wasser mit dem Zucker aufkochen. Einige Minuten köcheln lassen, dann vom Herd nehmen. Den Rosmarin waschen, trocken schütteln und mit den Zitronenzesten hineingeben. Mindestens 10 Minuten ziehen lassen. Dann den Sirup durch ein Sieb abgießen und zum vollständigen Auskühlen beiseitestellen.

2. Den Pfirsich und die Erdbeeren waschen, den Pfirsichkern entfernen und beides in feine Scheiben schneiden. Die Minze waschen, trocken schütteln, die Blätter abzupfen, fein hacken und mit den Früchten mischen.

3. Die Mandelsplitter in einer Bratpfanne ohne zusätzliches Fett rösten, bis sie goldbraun sind. Auf Küchenpapier abkühlen lassen.

4. Zum Sirup 2–4 EL Zitronensaft geben, bis der gewünschte Säuregrad erreicht ist. Sind die Erdbeeren besonders süß, kann etwas mehr Zitronensaft dazugegeben werden. Danach 4–5 EL Sirup mit den Früchten vermischen und mit den gerösteten Mandelsplittern dekorieren.

2 EL	Zucker
2	frische Rosmarinzweige
Saft und Zesten von ½ unbehandelten Zitrone	
1	Pfirsich
100 g	frische Erdbeeren
4–5	Blätter frische Minze
1 EL	Mandelsplitter

500 ml

BLATT FÜR BLATT

Spinat

direkt
vom
Baum

Kresse

HERBST

2 FEIGEN

INGWER?

GANZ SCHÖN SCHARF

!

PAPRIKA

Farbe
auf dem Teller

BATAVIA-RUCOLA-SALAT MIT FEIGEN, MOSTBRÖCKLI UND PARMESAN

Feigen wirken gegen die jetzt auftretende Herbstmüdigkeit. Sie sind reich an Vitalstoffen und wurden bereits im alten Ägypten verwendet, um Krankheiten vorzubeugen. Und: Sie haben kaum Kalorien, sättigen aber.

1. Den Bataviasalat waschen, putzen und in mundgerechte Stücke schneiden. Den Rucola waschen und trocken schütteln. Die Feigen gründlich waschen, die Stielansätze wegschneiden und die Feigen achteln.

2. Mostbröckli in 1 cm breite Streifen schneiden und in einer heißen Bratpfanne ohne zusätzliches Fett ca. 3–5 Minuten rösten, bis sie knusprig sind. Auf Küchenpapier abkühlen lassen.

3. Die Blattsalate schön auf einem Teller anrichten, die Feigenschnitze darauf verteilen, alternativ ins Glas geben. Zum Schluss den Parmesan hobeln und mit den Mostbröckli-Streifen über den Salat streuen.

4. Für das Dressing den Estragon waschen, trocken schütteln, die Blättchen abzupfen und fein hacken. Alle Zutaten in einer Schüssel gut verrühren, dann das Dressing direkt über den Salat geben oder zum Mitnehmen in ein kleines Vorratsglas abfüllen.

70 g	Bataviasalat
20 g	Rucola
2	reife Feigen
3–4	Scheiben Mostbröckli (alternativ Bündner- oder anderes Trockenfleisch)
20 g	Parmesan

Estragon-Honig-Dressing

1	Estragonzweig
2 EL	roter oder schwarzer Balsamico, am besten ein sehr alter
1 EL	Olivenöl Extra Vergine
1 EL	flüssiger Honig
1 TL	Zitronensaft
Salz und frisch gemahlener schwarzer Pfeffer	

BIRNE-SELLERIE-SALAT

Wenn man die äußeren Blätter entfernt, muss Eisbergsalat nicht unbedingt gewaschen werden. Aufgrund seines Wuchses kann kein Schmutz ins Innere gelangen.

1	Birne
Saft von ½ Zitrone	
100 g	Sellerie (Knollen- oder Stangensellerie; der Stangensellerie lässt sich leichter verarbeiten)
75 g	Eisbergsalat
¼	Salatgurke
1 EL	gemahlene Mandeln
7	Walnüsse
1 EL	Olivenöl
Selleriekraut zum Garnieren	

Mayonnaise-Honig-Dressing

2 TL	Honig
3 EL	Mayonnaise (selbst gemacht, siehe S. 63 und 108, oder mit Eiern aus Freilandhaltung)
1 EL	fruchtiger Balsamico (z. B. Birnenbalsamico)

1. Die Birne waschen, putzen, entkernen und in feine Stäbchen schneiden. Sofort mit Zitronensaft marinieren, damit sie sich nicht braun verfärbt. Den Sellerie ebenfalls putzen und in kleine Scheibchen oder Stäbchen schneiden. Falls Knollensellerie verwendet wird, diesen auch sofort mit Zitronensaft marinieren. Den Salat waschen, trocken schütteln und in feine Streifen schneiden.

2. Die Gurke und die Mandeln mit 1 TL Zitronensaft in einem Mixer gut miteinander vermengen, das Öl langsam zugeben und ständig weitermixen.

3. Die Birne und den Sellerie separat mit je einer Hälfte der Gurkenmischung verrühren. Zuerst den Sellerie ins Glas geben. Mit fünf Nüssen eine Zwischenschicht bilden, darauf kommen die Birnen und schließlich der Eisbergsalat. Mit den restlichen Nüsse und einem schönen Blatt Selleriekraut garnieren.

4. Für das Dressing alle Zutaten gut verrühren und über den Salat geben oder zum Mitnehmen in ein kleines Vorratsglas füllen. Dazu passt als Variante auch das **Kräuter-Joghurt-Dressing** (siehe S. 12) sehr gut.

LINSENSALAT MIT ROTE-BETE-RETTICH-MIX

Der Linsensalat war in unserem Startmenü im Jahre 2013 und hat sich als Verkaufsschlager etabliert. Wir empfehlen Belugalinsen, sie sind knackig und zerfallen nicht beim Kochen.

1. Die Belugalinsen in einem Sieb gründlich abspülen. Danach in eine Pfanne geben und mit kaltem Wasser ohne Salz langsam aufkochen. Ab 15 Minuten Kochzeit immer wieder probieren, sie sollen bissfest sein, verkocht sind sie kein Genuss mehr. Sobald sie nach ca. 20 Minuten den perfekten Garpunkt erreicht haben, das Wasser abgießen und die Linsen mit kaltem Wasser nochmals gut abwaschen, damit sich die unverdaulichen Bestandteile lösen.

2. Das Gemüse waschen, putzen und in kleine Würfelchen schneiden. Von Rettich und Roter Bete die Hälfte beiseitestellen. Die andere Hälfte mit dem übrigen Gemüse unter die Linsen mischen und mit Zucker, Salz und Pfeffer abschmecken.

3. Das Linsengemisch in das Glas füllen und mit der übrigen Roten Bete und dem Rettich garnieren. Den Schnittlauch waschen, trocken schütteln, fein schneiden. Den Salat mit Schnittlauch, Crème fraîche garnieren oder als Topping Zitronenricotta daraufgeben.

4. Dazu passen **Balsamico-Dressing**, **Frischkäse-Dressing** oder **Apfel-Dressing**.

80 g	Belugalinsen
120 g	gekochte Rote Bete
80 g	roter Rettich
50 g	Zwiebeln
50 g	Karotten
1 Prise	Zucker
10 g	Schnittlauch
1 EL	Crème fraîche oder Zitronenricotta (siehe S. 20) zum Garnieren

Salz und frisch gemahlener schwarzer Pfeffer

Balsamico-Dressing (siehe S. 12),

Frischkäse-Dressing (siehe S. 12) oder

Apfel-Dressing (siehe S. 16)

500
ml

CHINAKOHLSALAT

Frühlingszwiebeln wirken antioxidativ und antibakteriell, zudem enthalten sie neben wichtigen Mineralstoffen und Spurenelementen auch Sulfide, die zahlreiche gesundheitsfördernde Eigenschaften aufweisen. Wer sich bei diesem Salat die Arbeit erleichtern will, kann die Zutaten in der Maschine häckseln.

1	mittelgroße Karotte (ca. 100 g)
100 g	Rotkohl
150 g	Chinakohl
½ Bund	Radieschen (alternativ ein kleiner Rettich)
1	Frühlingszwiebel
1	Knoblauchzehe
⅓	rote Paprika
1	Limette
1 EL	frischer Koriander, gehackt
1 EL	frische Petersilie, gehackt
Salz und frisch gemahlener schwarzer Pfeffer	

1. Die Karotte schälen und grob hobeln, den Rotkohl waschen, putzen und hobeln. Die Radieschen (inklusive Kraut) und der Chinakohl lassen sich nur schlecht hobeln, diese daher gründlich waschen, putzen und mit einem Messer sehr fein hacken oder in der Küchenmaschine häckseln. Die Frühlingszwiebel und die Knoblauchzehe schälen, die Paprika waschen, putzen und mit der Zwiebel und dem Knoblauch ebenfalls fein hacken oder häckseln.

2. Wenn alles zerkleinert ist, das Gemüse in eine Schüssel geben, eine Limette darüber auspressen und den Salat mit den Händen kräftig durchmischen, sodass er richtig saftig wird.

3. Koriander und Petersilie zugeben, den Salat mit Salz und Pfeffer abschmecken und ins Glas füllen. Den Salat mit einigen schönen Chinakohl- und Karottenstreifen sowie einigen Ringen der Frühlingszwiebelblätter garnieren.

PILZSALAT MIT HIRSCHSALSIZ UND TRÜFFELDRESSING

Dieser Salat schmeckt frisch mit warmen Pilzen oder kalt aus dem Glas.

1. Die Zwiebel schälen, die Petersilie waschen, trocken schütteln und beides hacken. Etwas Olivenöl in der Pfanne erwärmen und die Zwiebeln glasig braten. Die Pilze putzen, hinzugeben und genau so lange in der Pfanne lassen, bis sie beginnen, Saft abzugeben. Sofort vom Herd nehmen und mit Salz, Pfeffer und Petersilie kräftig würzen.

2. Für das Dressing das Olivenöl und den weißen Balsamico mischen und prüfen, ob die Mischung ausgewogen ist. Danach das Trüffelöl zugeben. Am besten zuerst nur ½ TL und dann langsam etwas mehr bis zur gewünschten Intensität. Zu viel Trüffelöl lässt sich kaum mehr neutralisieren. Das Dressing mit einem Schuss Sahne, Salz und Pfeffer abschmecken.

3. Den Hirschsalsiz schälen und in Scheibchen schneiden. Die Pilze ins Glas füllen. Den Salat waschen, trocknen, in mundgerechte Stücke schneiden und darauf verteilen, mit dem Hirschsalsiz abschließen und den Parmesan darüberhobeln. Das Dressing über den Salat geben oder zum Mitnehmen in ein kleines Vorratsglas füllen.

4. Wer mag, genießt diesen Salat mit warmen Pilzen. Das Dressing dann erst unmittelbar vor dem Servieren auf den Salat geben.

½	kleine Zwiebel
1 EL	krause Petersilie
2 EL	Olivenöl
140 g	gemischte Pilze (z. B. Shiitake, Shimeji, Champignons)
80 g	Hirschsalsiz (alternativ luftgetrocknete, geräucherte Rohwurst vom Bio-Schwein oder -Rind)
70 g	Salat (z. B. Feldsalat oder Friséesalat)
15 g	Parmesan

Trüffel-Dressing

5 EL	Olivenöl
2 EL	weißer Balsamico
1 TL	Trüffelöl
1 Schuss Sahne	
Salz und frisch gemahlener schwarzen Pfeffer	

500 ml

FEIGEN-BÜFFELMOZZARELLA-SALAT MIT ZUCCHINI

Ausnahmsweise greifen wir für das Dressing auf eine exotische Frucht zurück: die Zitrone, natürlich in Bio-Qualität. Es gibt auch Geschäfte, die Fair-Trade-Zitronen anbieten. Diese stammen von Kleinbauernorganisationen oder von Plantagen, auf denen strenge Sozial- und Umweltbedingungen eingehalten werden.

2	Zucchinischeiben, längs geschnitten
2	frische Feigen
50 g	Büffelmozzarella, in Scheiben
100 g	Friséesalat
Balsamico-Creme zum Garnieren	

Marinade und Zitronen-Thymian-Dressing

1	Thymianzweig
6 EL	Olivenöl
½ TL	Senf
2 EL	Zitronensaft
½ TL	Zesten einer unbehandelten Zitrone
1 Prise	Zucker
Salz und frisch gehackter schwarzer Pfeffer	

1. Den Thymian waschen, trocken schütteln, die Nadeln fein hacken und mit dem Olivenöl, dem Senf, etwas Salz und Pfeffer gut mischen. Mit einem Pinsel etwas von der Mischung auf die Zucchinischeiben verteilen, kurz marinieren und danach kurz in einer Pfanne anbraten. Sie sollten noch etwas Biss haben, aber doch weich genug sein, dass sie sich aufrollen lassen.

2. Die restliche Thymianmischung für das Dressing mit Zitronensaft, Zitronenzesten und Zucker verrühren und in ein kleines Vorratsglas füllen.

3. Die Feigen waschen und die Spitzchen wegschneiden. Dann mit einem scharfen Messer oben ein Kreuz einschneiden und die Büffelmozzarellascheiben hineinschieben. Die so gefüllten Feigen mit den Zucchinischeiben umwickeln und diese mit einem Zahnstocher fixieren.

4. Den Friséesalat waschen, trocknen, in feine Streifen schneiden und ins Glas füllen. Die Feigen darauflegen und mit Balsamico-Creme dekorieren. Das Dressing erst kurz vor dem Servieren über den Salat geben.

HÖRNLISALAT

Dieser Salat ist ganz leicht zuzubereiten und der Star bei Kindern! Viele Kinder mögen Gemüse nicht als Beilage oder nur roh. Es ist also besser, es dem fertigen Gericht unterzumengen. Zudem bevorzugen Kinder milde, nicht allzu scharf gewürzte Gerichte.

1. Die Hörnli in kochendes und gesalzenes Wasser geben. Nach 5 Minuten den Mais und die Erbsen ins Kochwasser geben. Nach weiteren 2 Minuten die Hörnli probieren, sie sollten bissfest sein.

2. Den Käse und das Ei würfeln. Hörnli, Erbsen und Mais in ein Sieb abgießen und mit kaltem Wasser abschrecken. Dann die Käse- und die Eierwürfel unterheben.

3. Das **Kräuter-Joghurt-Dressing** mit der Mayonnaise verrühren und untermischen. Den fertigen Salat kurz vor dem Servieren mit Röstzwiebeln bestreuen.

50 g	Hörnli (alternativ andere kurze, röhrenförmige Pastasorte)
40 g	Mais (frisch, siehe unten)
40 g	Erbsen (frisch oder tiefgekühlt)
1	Ei, gekocht und gepellt (aus Freilandhaltung)
30 g	Gruyèrekäse (alternativ anderer leicht würziger Hartkäse)
2 EL	Röstzwiebeln (siehe S. 18)

Mayonnaise-Kräuter-Dressing

50 ml	**Kräuter-Joghurt-Dressing** (siehe S. 12)
2 EL	Mayonnaise (selbst gemacht, siehe S. 63 und 108, oder mit Eiern aus Freilandhaltung)

Frischen Mais vorkochen

Im Juli startet auch die Zuckermaissaison, die bis in den Oktober reicht. Wer liebt nicht den ganzen Kolben? Wer mag, löst für den Hörnli-Salat die Maiskörner also von einem gekochten Maiskolben und verwendet diese für den Salat.

Je frischer der Mais, umso schneller ist er gar: Gerade so viel Wasser in einen Topf geben, dass der Maiskolben ganz bedeckt sein wird, etwas Butter und Zucker hinzugeben und alles aufkochen. Dann den Maiskolben hinzugeben und 5–7 Minuten kochen. Frischer, gekochter Mais sollte am gleichen Tag gegessen werden, da sich der natürlich enthaltene Zucker in Stärke umwandelt und er dann nicht mehr so gut schmeckt.

KARTOFFELSALAT NACH MAMAS ART

Nicht jeder hat die Möglichkeit, Kartoffeln bei einer optimalen Temperatur von 8–10 °C im Keller zu lagern. Bei Zimmertemperatur beginnen sie zu keimen und werden schrumpelig, im Kühlschrank verwandelt sich die Kartoffelstärke in Zucker und die Kartoffeln schmecken seltsam süß. Bilden die Kartoffeln bei der Lagerung grüne Stellen, sollten diese vor der Zubereitung großzügig weggeschnitten werden. Der Rest der Kartoffel kann aber bedenkenlos gegessen werden.

400 g	festkochende Kartoffeln (siehe S. 35)
2 EL	gekörnte Gemüsebrühe
1 EL	frische gehackte Kräuter
Cherrytomaten zum Garnieren	
Rote-Bete-Sprossen zum Garnieren	
1 EL	Crème fraîche zum Garnieren
Salz und frisch gemahlener schwarzer Pfeffer	

Kartoffelsalat-Dressing

50 g	Zwiebeln
3 EL	Gemüsebrühe (Ziehbrühe der Kartoffeln)
15 g	Schnittlauch
10 g	Senf
15 g	Weißweinessig
1 Prise	Muskatnuss, frisch gerieben
50 g	Sonnenblumenöl
50 g	Radieschen

1. Die Kartoffeln sollte man am besten bereits am Vortag oder zumindest ein paar Stunden, bevor der Kartoffelsalat fertig sein soll, kochen. Die Kartoffeln schälen und nach Belieben schneiden, beispielsweise einmal der Länge nach halbieren und dann in Scheiben schneiden, die etwa ½ cm dick sind. Die Kartoffeln in Salzwasser weich, aber bissfest kochen. Die Brühe in 1 l Wasser auflösen. Sobald die Kartoffeln weich sind, das Wasser abgießen und die Kartoffeln abschrecken. Danach in die warme Gemüsebrühe geben und mehrere Stunden ziehen lassen, am besten einen ganzen Tag. Sind die Kartoffeln nicht ganz von Brühe bedeckt, etwas Wasser zugeben.

2. Für das Dressing die Zwiebeln schälen, fein schneiden, kurz dünsten und mit der Gemüsebrühe weich kochen. Den Schnittlauch waschen, trocken schütteln und hacken. Den Senf mit Essig, Schnittlauch und Muskat gut verrühren, die Zwiebeln mit der Brühe dazugeben und gut vermischen. Zum Schluss langsam unter ständigem Rühren das Sonnenblumenöl hinzufügen. Die Radieschen waschen, in feine Streifen schneiden und in die Zwiebelbrühe geben.

3. Nachdem die Kartoffeln einige Stunden in der Gemüsebrühe durchziehen konnten, die überschüssige Brühe abschütten. Die Kartoffeln vorsichtig mit dem Dressing mischen, damit die Kartoffeln ihre Form behalten.

4. Den Salat sorgfältig in ein Glas abfüllen und am besten bei Zimmertemperatur servieren.

5. Den Salat mit halbierten Cherrytomaten, Kräutern und Rote-Bete-Sprossen garnieren und mit einem Klecks Crème fraîche servieren.

DA
HABEN
SIE DEN
SALAT

1. Den Ofen auf 190 °C Umluft vorheizen. Den Kürbis schälen, halbieren, die Kerne herausschaben und das Fruchtfleisch in 1 cm große Würfel schneiden. Den Koriander waschen, trocken schütteln und hacken. In einer Schüssel vier Thymianzweige, Muskatnuss, Nelken, Koriander, Zimt, 1 EL Olivenöl, ¼ TL Salz, Chiliflocken und eine großzügige Prise Pfeffer vermengen. Den Kürbis dazugeben und alles vermischen, bis alle Würfel mit Öl bedeckt sind.

2. Den Kürbis auf einem mit Backpapier belegten Blech verteilen und im Ofen 12–14 Minuten rösten. Das Rösten bringt die feine Nussigkeit und Süße des Kürbisses hervor und lässt die Gewürze ihr Aroma entfalten. Nach der Hälfte der Backzeit das Gemüse einmal wenden. Nach Ende der Backzeit mit einem Messer prüfen, ob die Würfel gar sind, das heißt auch die Würfelmitte weich ist. Die Thymianzweige entfernen und den Kürbis auf einem mit Küchenpapier belegten Teller abkühlen lassen.

3. Die Quinoa in einem Sieb unter fließendem Wasser kurz abspülen und gut abtropfen lassen.

4. Mit 120 ml Wasser in einem Topf aufkochen, salzen (¼ TL pro 120 ml Wasser), Quinoa hinzufügen und zugedeckt auf niedriger Flamme 12–15 Minuten weich kochen. Den Deckel währenddessen nicht anheben, da der Dampf für den Garprozess wichtig ist. Nach Ende der Garzeit die Quinoa in eine Schüssel umfüllen und abkühlen lassen.

5. Die Zwiebel schälen, in 4 mm dicke Ringe schneiden und in einer Bratpfanne bei mittlerer Hitze in genügend Olivenöl langsam rösten, bis sie goldbraun sind. Auf Küchenpapier abkühlen lassen.

6. Kürbis, Quinoa und Zwiebeln miteinander vermengen, dann den Feta mit den Fingern zerbröseln und dazugeben. Am Schluss die Zitronenzesten, den Koriander und die Blättchen des restlichen Thymians untermischen und alles großzügig mit Olivenöl und Zitronensaft vermischen.

7. Mit Salz und Pfeffer abschmecken. Dieser Salat schmeckt bei Raumtemperatur am besten.

QUINOASALAT MIT KÜRBIS, FETA UND ZWIEBELN

Quinoa ist reich an Nahrungsfasern sowie essenziellen Vitaminen, Mineralien und Nährstoffen. Das Protein in Quinoa enthält alle neun Aminosäuren, welche der menschliche Körper benötigt, aber nicht selber herstellen kann.

120 g	Butternusskürbis
1 TL frischer Koriander (optional)	
6	Thymianzweige, gewaschen
1 Prise	Muskatnuss, frisch gerieben
1 Prise	gemahlene Nelken
¼ TL	Koriander, gemahlen
¼ TL	Zimt, gemahlen
1 EL	Olivenöl Extra Vergine
1 Prise	getrocknete Chiliflocken (optional)
60 g	Quinoa
1 kleine Zwiebel	
50 g	Feta (oder geröstete Pinienkerne als vegane Alternative)
Saft und Zesten von ½ unbehandelten Zitrone	
Salz und frisch gemahlener schwarzer Pfeffer	

BLUMENKOHL-BROKKOLI-SALAT
MIT ROQUEFORT

Knoblauch wird verträglicher, wenn
man den innersten Strang der Knoblauchzehe entfernt. Hilft auch gegen
die Kloblauch-Fahne.

150 g	Blumenkohl
1 EL	Mandelplättchen
60 g	Brokkoli
1	Knoblauchzehe
50 g	Friséesalat

Roquefort-Dressing

70 g	Roquefort
1 EL	Mayonnaise (selbst gemacht, siehe S. 63 und 108, oder mit Eiern aus Freilandhaltung)
8 EL	Sonnenblumenöl
1 TL	Weißweinessig

Salz und frisch gemahlener
schwarzer Pfeffer

1. Den Blumenkohl putzen, waschen und im Ganzen in kochendem Wasser garen. Dies dauert ca. 15–20 Minuten. Mit einer Gabel testen, ob der Blumenkohl weich ist, aber nicht auseinanderfällt. Abgießen, mit kaltem Wasser abschrecken und beiseitestellen.

2. In der Zwischenzeit die Mandelplättchen in einem kleinen Topf bei niedriger Hitze und ohne Fett goldbraun rösten. Den Brokkoli waschen, putzen und ganz klein hacken oder hobeln; er wird als Kontrast roh verwendet. Ein wenig Brokkoli zum Servieren beiseitestellen.

3. Für das Dressing die Knoblauchzehe schälen, hacken und mit 60 g Roquefort, der Mayonnaise, dem Sonnenblumenöl und dem Essig verquirlen. Mit Salz und Pfeffer abschmecken. Das Dressing soll schön cremig sein.

4. Den Blumenkohl in mundgerechte Stücke schneiden, zwei Drittel des Dressings mit dem Blumenkohl und dem Brokkoli mischen und ins Glas abfüllen.

5. Den Friséesalat waschen, trocknen, in feine Streifen schneiden daraufgeben. Den restlichen Roquefort zerbröseln, über den Salat streuen und das restliche Dressing darübergeben. Mit dem übrigen Brokkoli und den Mandelplättchen garnieren.

RÖSTKARTOFFEL-BOHNEN-LINSEN-SALAT MIT FETA

Wir sind große Kartoffelliebhaberinnen. Weltweit gibt es über 5000 Kartoffelsorten, die größte Gendatenbank besitzt das Kartoffelinstitut in Lima. In den Anden werden zahlreiche Sorten kultiviert, die man bei uns leider nicht erhält.

160 g	Baby-Kartoffeln
1 EL	Sonnenblumenöl
1 TL	edelsüßes Paprikapulver
60 g	grüne Bohnen
50 g	Belugalinsen
40 g	Feta
Salz und frisch gemahlener schwarzer Pfeffer	

Kräuter-Joghurt-Dressing (siehe S. 12)

1. Den Backofen auf 190 °C Ober- und Unterhitze vorheizen. In einem Topf Wasser aufsetzen. Die Baby-Kartoffeln waschen, unschöne Stellen wegschneiden und je nach Größe halbieren oder vierteln. In eine Schüssel geben, etwas Öl darübergießen und mit Paprika, Salz und Pfeffer kräftig würzen. Alles gut mischen, sodass sich Gewürze und Öl gleichmäßig über die Kartoffeln verteilen. Dann auf ein mit Backpapier belegtes Backblech verteilen und für 15 Minuten in den Ofen schieben. Danach auskühlen lassen.

2. Die grünen Bohnen waschen, putzen (Spitze und Stielansatz wegschneiden) und dritteln. Die Linsen gut abwaschen und ins kochende Wasser geben und nach 20 Minuten probieren, ob sie gar sind. Die Bohnen in einem Sieb im gleichen Wasser 10–15 Minuten kochen. Beides sollte „al dente" sein. Abgießen, abkühlen lassen und mit Salz und Pfeffer würzen.

3. Wer es besonders knusprig mag, kann die Kartoffeln noch scharf in einer Bratpfanne anbraten.

4. Danach alles gut abkühlen lassen und in folgender Reihenfolge ins Glas abfüllen: Kartoffeln, grüne Bohnen, Linsen. Zum Schluss den Feta grob zerbröseln und darübergeben.

5. Zu diesem Salat passt das **Kräuter-Joghurt-Dressing**. Dieses direkt vor dem Servieren dazugeben.

FENCHEL-BIRNE-KÄSE-SALAT

Als wir das erste Mal frühmorgens auf dem gro-ßen Gemüsemarkt waren, haben wir gelernt, dass die optisch schönsten, grünen, glänzenden Birnen meistens am wenigsten Geschmack haben.

1. Den Fenchel waschen, halbieren und den Strunk herausschneiden. Die Birne waschen, halbieren und das Kerngehäuse entfernen. Die Birne und den Fenchel mit einer Mandoline sehr fein hobeln und den Käse in feine Würfel schneiden.

2. Für das Dressing Olivenöl und Balsamico verrühren. Den Thymian waschen, trocken schütteln, die Blättchen vom Zweig zupfen und dazugeben. Mit Salz und Pfeffer abschmecken.

3. Fenchel, Birne und Käse mit den Haselnüssen und den Cranberrys ins Glas schichten.

1	kleine Fenchelknolle (ca. 120 g)
1	Birne
100 g	Hartkäse (z. B. Appenzeller oder Gruyère)
1 EL	gehackte Haselnüsse
1 EL	getrocknete Cranberrys

Thymian-Dressing

2 EL	Olivenöl
1 EL	roter Balsamico
1	Thymianzweig
	Salz und frisch gemahlener schwarzer Pfeffer

LAUCH-APFEL-CERVELAT-SALAT MIT ROSINEN

Zum Schweizer Nationalfeiertag am 1. August werden traditionell Cervelat-Würste gegrillt. Aber auch zu jedem Wanderausflug gehört eine Cervelat in den Rucksack. Mit diesem Rezept wollen wir den klassischen Wurst-Käse-Salat neu erfinden.

1. Den Lauch halbieren, putzen, längs aufschneiden, gründlich waschen und in sehr feine Streifen schneiden. Den Apfel schälen, halbieren, das Kerngehäuse entfernen und mit einer groben Reibe reiben. Den Cervelat häuten und in feine Würfel schneiden.

2. Für das Dressing alle Zutaten gut verrühren und zusammen mit den Rosinen zu den restlichen Zutaten geben. Den Salat vor dem Servieren etwas ziehen lassen.

½	Lauchstange
1	säuerlicher Apfel
60–100 g	Cervelat (alternativ Bockwurst; als vegetarische Alternative würziger Käse)
1 EL	Rosinen

Apfelessig-Sahne-Dressing

1 EL	Olivenöl
1 EL	Apfelessig
20 g	Sahne
½ TL	Senf
	Salz und frisch gemahlener schwarzer Pfeffer

SAUERKRAUTSALAT
MIT RINDERHACK UND KÜMMEL

1	kleine rote Zwiebel
2 EL	Sonnenblumenöl
50 g	Speckwürfel
100 g	Bio-Rinderhack
50 ml	Rotwein
1 Prise	Cayennepfeffer
1	Gewürzgurke
2 EL	Mayonnaise (selbst gemacht, siehe S. 63 und 108, oder mit Eiern aus Freilandhaltung)
½ TL	Kümmel
2 EL	Crème fraîche
200 g	Sauerkraut
1 EL	Röstzwiebeln (siehe S. 18)
	Salz und frisch gemahlener schwarzer Pfeffer

1. Die Zwiebel schälen, fein hacken und in einer Bratpfanne mit etwas Öl glasig braten, dann beiseitestellen. Wenig Öl in die Pfanne geben und den Speck anbraten, bis er schön rotbraun ist. Ebenfalls beiseitestellen und das Hackfleisch in der Pfanne scharf anbraten, mit dem Rotwein ablöschen und weiterköcheln lassen, bis der Rotwein verdampft ist. Die Pfanne vom Herd nehmen und das Hackfleisch mit Salz, Pfeffer und Cayennepfeffer würzen.

2. Die Gewürzgurke in kleine Würfel schneiden, dann zusammen mit dem Speck, der Zwiebel, der Mayonnaise, dem Kümmel und 1 EL Crème fraîche zum Sauerkraut geben, gut mischen und mit Salz und Pfeffer würzen.

3. Das Sauerkraut ins Glas füllen, das Hackfleisch darübergeben. Als Topping nochmals 1 EL Crème fraîche auf das Fleisch geben und mit Röstzwiebeln bestreuen.

Hausgemachte Mayonnaise

1	frisches Eigelb (Eier aus Freilandhaltung)
1 TL	Senf
1 TL	Zitronensaft
1 TL	Sonnenblumenöl
1 Spritzer	Zitronensaft (optional)
	Salz und frisch gemahlener schwarzer Pfeffer

Viel leckerer als gekaufte ist natürlich selbst gemachte Mayonnaise. Sie geht ganz schnell und ist, sofern man ein hochwertiges Öl benutzt, nicht einmal so ungesund. Jedoch sollte man die Mayonnaise möglichst rasch verspeisen, da sie rohes Ei enthält. Als Alternative eignet sich die **vegane Mayonnaise** (siehe S. 63).

Damit die Mayonnaise gelingt, sollten alle Zutaten zimmerwarm sein. Das Eigelb mit je einer Prise Salz und Pfeffer, Senf und Zitronensaft mit dem Schneebesen glatt rühren. Zuerst nur ein paar Tropfen Öl hinzugeben. Erst wenn die Masse cremig-steif wird, das Öl in dünnem Strahl dazugeben und ständig in die gleiche Richtung weiterrühren. Sobald das ganze Öl eingerührt ist, den restlichen Essig zugeben und mit Salz, Pfeffer und Zitronensaft würzen.

WÜRZIGER APFEL-FENCHEL-SALAT

Dieser Salat trumpft erst mit der richtigen Würze auf: Wir dürfen uns richtig austoben damit.

1. Den Fenchel waschen, verfärbte Stellen und den Strunk wegschneiden und mit einer Reibe in Streifen hobeln. Falls der Fenchel schönes Fenchelgrün trägt, dieses für die Garnitur beiseitestellen. Den Apfel und die Birne waschen, vierteln, entkernen und mit derselben Reibe hobeln. Die Rosinen zugeben und alles gut durchmischen. Etwas Zitronensaft verhindert, dass sich die Früchte braun verfärben. Den Salat luftdicht verpacken.

2. Eine Pfanne leicht erhitzen und die Kürbiskerne darin ein paar Minuten ohne Fett rösten, bis sie zu knuspern beginnen.

3. Alle Zutaten für das Dressing gut verrühren, über den Salat geben und ziehen lassen. Zum Schluss die Kürbiskerne daruntermischen und den Salat mit dem Fenchelgrün und den Rosinen garnieren.

½	Fenchel (ca. 150 g)
1	süßlicher Apfel (z. B. Gala)
½	Birne
1 EL	Rosinen
1 TL	Zitronensaft
1 EL	Kürbiskerne

Spicy Dressing

1 TL	Zimt
½ l	Ingwerpulver
½ TL	scharfer Thai-Spice-Mix
je 1 Prise geriebene Muskatnuss, Kardamom- und Nelkenpulver	
4 EL	Sonnenblumenöl
2–3 TL	Weißweinessig

MOSTSUPPE

Die Mostsuppe nach Möglichkeit 24 Stunden vor
dem Servieren zubereiten und danach kalt stellen.
Der Geschmack entfaltet sich so viel besser.

Für 4 Personen

1	Zwiebel
50 g	Karotten
50 g	Lauch
20 g	Butter
1 ½ EL	Mehl
350 ml	Apfelsaft
350 ml	Gemüsebrühe
2	Mostäpfel (z. B. Hilde)
600 g	Sahne

Salz und frisch gemahlener
schwarzer Pfeffer

1. Die Zwiebel und die Karotten schälen, den Lauch putzen, längs aufschneiden und gründlich waschen. Alles fein hacken, in der Butter andünsten und mit Mehl bestäuben. Mit Apfelsaft und Gemüsebrühe ablöschen und aufkochen lassen. Die Äpfel schälen, entkernen, fein schneiden und dazugeben und alles 20 Minuten bei niedriger Temperatur kochen lassen. Mit dem Pürierstab mixen und die Sahne beifügen.

2. Zum Mitnehmen in Vorratsgläser füllen.

KÜRBISKERNE

Cranberry

ROTKOHL → WIRD ROTKRAUT

FELD SALAT

1 Granatapfel = 600 Kerne

WALNUSS

vitamine

ROSMARIN-
ORANGEN-
DRESSING

VORRATS-
KAMMER

WINTER

APFEL

★ ★
★

ESST! KASTANIEN

MARINIERTER ROMANESCO-KAROTTEN-SALAT MIT CHAMPIGNONS

Sabrina mochte keinen Romanesco, Séverine keine Champignons. Und dann haben wir an einem regnerischen Sonntag aus Spaß einen Salat entwickelt und die beiden Zutaten so zubereitet, dass sie uns plötzlich geschmeckt haben.

1. Einen Topf mit Salzwasser aufsetzen. Den Romanesco waschen, putzen und in Röschen zerteilen, die Karotte schälen und in acht Stäbchen schneiden. Beides ins kochende Wasser geben und ca. 10 Minuten garen. In ein Sieb abschütten und mit kaltem Wasser abschrecken.

2. Den Honig, den Karotten- und den Limettensaft sowie das Olivenöl vermischen. Die Petersilie waschen, trocken schütteln, hacken. Alles zusammen mit dem Gemüse in eine Schüssel geben, gut durchmischen. Die Schüssel mit Frischhaltefolie abdecken und die Gemüsemischung mindestens 15 Minuten ziehen lassen, zwischendurch wenden.

3. Zum Schluss den Champignon putzen, in feine Scheiben schneiden und im Wechsel mit dem Gemüse ins Glas schichten.

4. Wird das Gemüse zusätzlich mit grünem Salat angerichtet, dann empfehlen wir dazu Feldsalat. Als Dressing eignen sich **Apfel-, Orangen-Rosmarin-, Balsamico-** oder **Nuss-Dressing**.

¼	Romanesco (ca. 200 g)
1	kleine Karotte
2 TL	flüssiger Blütenhonig
2 EL	Karottensaft
Saft von ½ Limette	
2 TL	Olivenöl
1 EL	Petersilie
1 großer oder 4 kleine Champignons	
Salz und frisch gemahlener schwarzer Pfeffer	

ca. 100 ml **Apfel-Dressing** (siehe S. 16),

Orangen-Rosmarin-Dressing (S. 16),

Balsamico-Dressing (S. 12) oder

Nuss-Dressing (S. 14)

500 ml

WIRSING-FENCHEL-SALAT MIT KARAMELLISIERTEM BIRNE-KAROTTEN-MIX UND SESAM

Beim Sesam unbedingt auf biologischen Anbau achten. Schädlingslarven werden bei biologischem Anbau nach der Ernte mit Kohlendioxid und Kälte und nicht mit Schädlingsbekämpfungsmittel abgetötet. Sesam eignet sich gut für den biologischen Anbau – er braucht kaum Düngemittel und keine anspruchsvollen Bodenverhältnisse.

500 ml

1 EL	gekörnte Gemüsebrühe
100 g	Fenchel
150 g	Wirsing
20 g	Butter
15 g	Sesamkörner (aus Bio-Fairtrade-Produktion)
1 EL	Sonnenblumenöl
1	Birne
150 g	Karotten
2 EL	Zucker
3 EL	Himbeeressig
Salz und frisch gemahlener schwarzer Pfeffer	

1. Die Gemüsebrühe in ½ l Wasser auflösen. Den Fenchel und den Wirsing waschen, putzen, in dünne Streifen schneiden und mit etwas von der Butter in einer Pfanne andünsten, mit Salz und Pfeffer abschmecken und mit der Gemüsebrühe ablöschen, danach abkühlen lassen.

2. Die Sesamkörner kurz im Sonnenblumenöl in der Pfanne rösten, sobald sie leicht bräunlich werden, sofort vom Herd nehmen und auf einem Teller auf Küchenpapier auskühlen lassen. Sie verbrennen sonst in der Resthitze der Pfanne.

3. Die Birne waschen, Stiel und Gehäuse entfernen, die Karotte schälen, beides würfeln und mit der restlichen Butter, dem Zucker und dem Himbeeressig in der Pfanne karamellisieren, danach auf einem Küchenpapier abkühlen lassen.

4. Zuerst den Fenchel und den Wirsing in das Glas schichten und mit den gerösteten Sesamkernen vermischen. Darauf kommt die karamellisierte Karotten-Birnen-Mischung.

Variante mit Zimt

Den Salat mit etwas Zimt bestreuen, das passt wunderbar zum Sesam und der karamellisierten Karotten-Birnen-Kreation.

ZWERGLATTICH-KICHERERBSEN-SALAT MIT RÄUCHERTOFU

Tofu wird aus Sojabohnenteig hergestellt. Dabei entsteht zuerst eine Art Quark, der wie bei der Käseherstellung entwässert und anschließend zu einem Block gepresst wird. Für viele Vegetarier und Veganer ist er der ideale Fleischersatz.

1. Die Sonnenblumenkerne in einer Pfanne ohne Fett leicht rösten, den Räuchertofu in Würfel schneiden mit dem Öl zu den Sonnenblumenkernen geben, das Ganze kräftig anbraten. Zum Schluss mit den Gewürzen und dem Agavendicksaft abschmecken. Langsam abkühlen lassen.

2. Den Lattich waschen, halbieren und in feine Streifen schneiden. Die Kichererbsen in ein Sieb abschütten und gründlich mit kaltem Wasser abspülen.

3. Die Karotte schälen und grob reiben. Den Apfel waschen, entkernen und in Stäbchen schneiden, sofort mit dem Zitronensaft beträufeln. Den Schnittlauch waschen, trocken schütteln und fein schneiden.

4. Alle Zutaten bis auf den Tofu in das Glas einschichten, mit dem Tofu-Kerne-Gemisch und dem Schnittlauch garnieren.

5. Dazu passen verschiedene Dressings, als vegane Variante das **Balsamico-** oder das **Nuss-Dressing**, für Vegetarier das **Frischkäse-Dressing**.

15 g	Sonnenblumenkerne
120 g	Räuchertofu (Bioqualität)
1 EL	Sonnenblumenöl
1 TL	edelsüßes Paprikapulver
1 TL	Currypulver
10 g	Agavendicksaft
1	Zwerglattichkopf
60 g	gekochte Kichererbsen aus dem Glas
80 g	Karotten
50 g	Gala-Apfel
1 EL	Zitronensaft, frisch gepresst
10 g	Schnittlauch
	Salz und frisch gemahlener schwarzer Pfeffer

ca. 100 ml **Balsamico-Dressing** (siehe S. 12),

Nuss-Dressing (S. 14) oder

Frischkäse-Dressing (S. 12)

GERÖSTETE ROTE BETE MIT ZIEGENKÄSE UND WALNÜSSEN

In unserem Kühlschrank haben wir immer gekochte Rote Bete. Vakuumiert ist sie sehr lange haltbar und eine gesunde Mahlzeit, wenn alle anderen Essensvorräte aufgebraucht sind.

1	gekochte Rote Bete (ca. 200 g)
2 TL	frischer Thymian
2 TL	Balsamessig
2 TL	Olivenöl
2 TL	flüssiger Blütenhonig
30 g	Walnüsse
80 g	Friséesalat
50 g	fester Ziegenkäse

ca. 100 ml	**Orangen-Rosmarin Dressing** (siehe S. 16) oder
1 EL	fruchtiger Balsamessig
3 EL	neutrales Öl

1. Den Ofen auf 180 °C Ober- und Unterhitze vorheizen. Die Rote Bete in Scheiben schneiden. Den Thymian waschen, trocken schütteln, die Nadeln fein hacken und mit Balsamessig, Olivenöl und Blütenhonig in einer kleinen Schüssel verrühren. Die Rote-Bete-Scheiben dazugeben und alles gut vermischen, sodass die Scheiben mariniert werden.

2. Auf einem Backpapier für 25 Minuten in den Ofen geben, nach 15 Minuten nach Belieben auch die Walnüsse dazugeben. Die Rote Bete nimmt eine dunkle Farbe an, bildet leichte Falten und glänzt.

3. Den Friséesalat waschen, putzen, klein schneiden und ins Glas schichten. Die gedünstete Rote Bete in Würfel schneiden und daraufflegen. Den Ziegenkäse in Würfel schneiden und auf den Salat geben, mit den Walnüssen garnieren.

4. Dazu passt das **Orangen-Rosmarin-Dressing**. Alternativ schmeckt auch 1 EL fruchtiger Balsamessig, der mit 3 EL neutralem Öl vermischt wird.

KAROTTEN-APFEL-SALAT MIT KARAMELLISIERTEN WALNÜSSEN

Die karamellisierten Nüsse sind auch ein prima Snack für zwischendurch – daher am besten gleich eine größere Menge zubereiten (100 g Nüsse, 50 g Zucker, 40 ml Wasser). Sie kommen so oder so schnell weg.

1. Die Karotten schälen und mittelfein reiben oder mit der Küchenmaschine in feine Stäbchen schneiden. Den Apfel waschen, das Kerngehäuse entfernen und ebenfalls reiben. Beides mischen und einen Spritzer Zitronensaft hinzugeben, damit der Apfel sich nicht braun verfärbt.

2. Die Petersilie waschen, trocken schütteln, fein hacken und daruntermischen. Den Salat etwas im Dressing ziehen lassen.

3. Den Zucker mit 10 ml Wasser in einem kleinen Topf erhitzen. Den Zucker genau beobachten und in dem Moment, in dem er ganz geschmolzen ist und einen dickflüssigen Saft bildet, die Nüsse hineingeben. Gut rühren, bis sich der Saft mit den Nüssen verbunden hat und alles eine goldbraune Farbe annimmt. Dann die Nüsse auf ein Backpapier geben, abkühlen lassen und danach über den fertig gemischten Salat streuen (nicht daruntermischen, damit die Walnüsse schön hart bleiben).

4. Zu diesem Salat passt das **Apfel-Dressing**, 20–30 ml davon sind ausreichend, da bereits der Apfel für Saft sorgt.

2	mittelgroße Karotten
1	großer Apfel
1 Spritzer Zitronensaft	
1 TL	krause Petersilie
10 g	Zucker
20 g	Walnüsse

ca. 100 ml **Apfel-Dressing** (siehe S. 16)

BOHNEN-KARTOFFEL-SALAT MIT CHILI-JOGHURT-DRESSING

Dieser Salat entstand aus einer Notsituation. Vor lauter Hektik haben wir eine Delivery-Bestellung vergessen und mussten mit den noch vorhandenen Produkten zaubern und improvisieren. Der Kunde rief uns anschließend an und sagte, das sei der beste Bohnensalat gewesen, den er je gegessen hat. So haben wir ihn dann ins Sortiment aufgenommen.

1. Die Bohnen waschen, Spitzen und Stielansätze entfernen, Bohnen in kleine Stücke schneiden und in der Butter bissfest garen. Die Zwiebel fein hacken und am Schluss mitdünsten.

2. Die Gemüsebrühe in ca. 1 l kochendem Wasser auflösen. Die Kartoffeln halbieren und mit der aufgelösten Gemüsebrühe für ca. 8 Minuten kochen, danach abgießen und abkühlen lassen.

3. Für das Dressing alle Zutaten mit dem Pürierstab mixen. Den Salat mit dem **Joghurt-Chili-Dressing** vermischen, ins Glas geben und im Kühlschrank ca. 1 Stunde ziehen lassen.

100 g	grüne Bohnen
30 g	Butter
½	Zwiebel
4	Baby-Kartoffeln
1 EL	gekörnte Gemüsebrühe

Joghurt-Chili-Dressing

2 EL	Essig
4 EL	Sonnenblumenöl
2 EL	Naturjoghurt
1 EL	Zucker
1 Prise	Chiliflocken oder -pulver
1 Prise	edelsüßes Paprikapulver
½ EL	Honig
	Salz und frisch gemahlener schwarzer Pfeffer

CHICORÉE-BIRNEN-SALAT MIT GORGONZOLA, HASELNÜSSEN UND GRANATAPFEL

Zum Herauslösen der Kerne den Granatapfel vierteln. Die Viertel in einer mit Wasser gefüllten Schüssel auseinander-brechen. Mit den Fingern die Kerne von der Schale lösen. Während sich die Kerne am Schüsselboden sammeln, steigen die unbeliebten Schalenstücke an die Wasseroberfläche und lassen sich so sehr gut mit einem Sieb abschöpfen.

120 g	Chicorée
½	Birne
60 g	Gorgonzola
30 g	ganze geschälte Haselnüsse
½	Granatapfel, nur Kerne
Petersilie zum Servieren	

Orangen-Apfel-Dressing

3 EL	Orangensaft
1 EL	Apfelessig
2 EL	Olivenöl Extra Vergine
1 Prise	Zucker
Salz und frisch gemahlener schwarzer Pfeffer	

1. Den Chicorée waschen, trocknen, den Strunk entfernen und einige Blätter zur Dekoration ganz lassen. Den Rest in mundgerechte Stücke schneiden.

2. Die Birne waschen, halbieren, das Kerngehäuse entfernen und die Birne in sehr feine Scheiben schneiden, am besten mit einer Mandoline. Den Gorgonzola in kleine Würfel schneiden.

3. Die Haselnüsse ohne Fett in einer Bratpfanne rösten, dabei die Pfanne immer wieder schwenken. Aufgepasst, die Nüsse können sehr schnell anbrennen. Wenn die Nüsse goldgelb sind, sofort aus der heißen Pfanne nehmen und auf einem mit Küchenpapier beleg-ten Teller völlig auskühlen lassen. Wer die Nüsse lieber in Stücken mag, kann sie nach dem Rösten mit einem großen, scharfen Messer etwas zerkleinern.

4. Die ganzen Chicoréeblätter blumenförmig auf einen Teller legen. Den geschnittenen Chicorée, die Birne und den Käse vermischen und auf die Blätter geben. Den Salat mit den gerösteten Haselnüssen und den Granatapfelkernen dekorieren.

5. Für das Dressing alle Zutaten gut verrühren und über den Salat geben.

ARTISCHOCKEN-SELLERIE-SALAT

Zugegeben, am liebsten mögen wir den Stangensellerie als Rührstäbchen einer Bloody Mary. Aber sein starkes Aroma haben wir auch als Würze sehr schätzen gelernt. Fans nutzen den ganzen Stängel als kalorienarmes Knabbergebäck, Hoffnungsvolle als Mittel zur Potenzsteigerung. Wir verwenden ihn eher klein gehackt.

1. Die Artischockenherzen abtropfen lassen und das Öl für das Dressing auffangen. Die Herzen längs in Streifen schneiden. Den Stangensellerie waschen, putzen und quer in kleine Halbmonde schneiden; je nach Dicke des Stängels diesen ein bis zwei Mal der Länge nach durchschneiden. Den Babyspinat waschen, trocken schleudern und ganz grob zerkleinern. Wird der Salat auf einem Teller angerichtet, die Spinatblätter ganz lassen.

2. Für das Dressing die Zitrone halbieren und den Saft auspressen. Den Zitronensaft und das Artischocken-Öl mischen, mit Salz und Pfeffer abschmecken. Dann die Petersilie und die Minze waschen, trocken schütteln, hacken, beigeben und alles gut verrühren.

3. Den Parmesan mit dem Sparschäler in Scheibchen schneiden. Danach die Artischocken, den Sellerie, den Spinat und zwei Drittel des Parmesans hinzugeben und alles mischen. Ins Glas abfüllen und mit dem restlichen Parmesan garnieren.

1 Glas	Artischockenherzen in Öl (Abtropfgewicht 175 g)
60 g	Stangensellerie
25 g	Babyspinat
15 g	Parmesan
Salz und frisch gemahlener schwarzer Pfeffer	

Petersilie-Minze-Dressing

1	Zitrone
4 EL	Öl (der Artischocken)
2 EL	glatte Petersilie
2 TL	frische Minze

Selleriekraut

Wer Glück hat, bekommt den Sellerie mit Kraut.
Das kann man unterschiedlich verwenden:

- Getrocknet und zerkleinert als Trockengewürz, in einem Gläschen aufbewahrt.
- Gehackt und tiefgekühlt als Gewürz.
- Frisch als Garnitur.
- Als Paste: Das Kraut abschneiden, gut waschen, trocknen, fein hacken und mit dem Salz vermengen. Auf 150 g Kraut kommen 25 g Salz. Die Mischung in ein kleines Glas pressen. Zum Schluss ausreichend Sonnenblumenöl darübergießen, damit sich eine Schutzschicht bildet. Ein leckeres Gewürz für Suppen.

CHICORÉE-ROTE-BETE-ORANGEN-SALAT MIT SPECK UND DATTELN

Speck sollte man immer ohne Fett und bei mittlerer Hitze braten, so kann er sein Fett loswerden und brennt nicht an. Nach dem Anbraten aus der Pfanne nehmen, beim Auskühlen wird er noch knuspriger. Anschließend auf ein Stück Küchenpapier legen, so wird das überschüssige Fett aufgesaugt.

50 g	Speckwürfel
1	Orange
2	Datteln
120 g	Chicorée
½	gekochte Rote Bete
2 EL	gehackte Walnüsse

Orangen-Rosmarin-Dressing
(siehe S. 16)

1. Die Speckwürfel ohne zusätzliches Fett in einer Bratpfanne anbraten und sie auf Küchenpapier abkühlen lassen.

2. Die Orange filetieren: Die Schale oben und unten abschneiden und dann die restliche Schale in schmalen Streifen von oben nach unten mit einer rundlichen Bewegung wegschneiden. Dabei sollten keine weißen Schalenreste an der Frucht bleiben. Nun die Frucht in die eine Hand nehmen und mit der anderen mit einem scharfen Rüstmesser die Orangenspalten herauslösen, indem man eng die Scheidewand entlang schneidet. Dabei den Saft auffangen und die Reste ebenfalls ausdrücken.

3. Die Datteln entkernen, fein hacken und in den aufgefangenen Orangensaft legen. Den Chicorée waschen, putzen und die Blätter in mundgerechte Stücke schneiden. Die Rote Bete in kleine Würfel schneiden.

4. Dazu passt das **Orangen-Rosmarin-Dressing**. Den Chicorée auf dem Teller verteilen, Rote-Bete- und Speckwürfel sowie die Orangenfilets und die abgetropften Datteln darauflegen und das Dressing darüberträufeln. Mit den Walnüssen dekorieren.

ZWEIERLEI KOHL MIT BIRNE UND SPECK-ZIEGENKÄSE-DRESSING

Grünkohl gilt als sogenanntes „Superfood" aufgrund seiner einmaligen Zusammensetzung aus antioxidativ wirkenden Vitaminen, Ballaststoffen, Pflanzenstoffen und Mineralstoffen. Er wird oft auch in Smoothies verwendet, gemeinsam mit Spinat und Gurken.

1. Grünkohl, Cicorino rosso und Rotkohl waschen, trocknen und in mundgerechte Stücke schneiden (Rotkohl und Cicorino rosso in Streifen schneiden), die Schalotte klein hacken und alles in der Butter andünsten, danach abkühlen lassen.

2. Die Birne waschen, entkernen, in Würfel schneiden und im Zucker marinieren.

3. Für das Dressing den Speck ohne Fett anbraten, Schalotte und Knoblauch mitdünsten, mit der aufgelösten Gemüsebrühe ablöschen, abkühlen lassen und zum Schluss mit dem Kräuteressig und dem Sonnenblumenöl vermischen. Kurz vor dem Servieren den Ziegenkäse zerbröseln und vorsichtig unter das Dressing mischen.

4. Die Birnenwürfel zum Salat geben, mit Salz und Pfeffer abschmecken und mit dem Ziegenkäse-Speck-Dressing vermischen.

Grünkohlchips

Grünkohl kann auch super in Form von Chips genossen werden. Dazu den Backofen auf 120 °C Umluft vorheizen. Den Grünkohl waschen, fein schneiden, dabei die dicken Stängel wegschneiden, auf das Backblech legen und mit Olivenöl und Salz bestreuen, die Blätter dabei etwas „einmassieren". Für ca. 20 Minuten im Backofen zu knusprigen Chips werden lassen. Da Grünkohl schnell verbrennt und nicht alle Öfen gleich backen, nach 10 Minuten kurz prüfen, ob die Chips schon fertig sind.

80 g	Grünkohl
30 g	Cicorino rosso (Radicchio)
200 g	Rotkohl
½	Schalotte
20 g	Butter
1	Birne
1 EL	Zucker
Salz und frisch gemahlener schwarzer Pfeffer	

Speck-Ziegenkäse-Dressing

30 g	Speckwürfel
½	Schalotte
1	Knoblauchzehe, gepresst
1 EL	aufgelöste Gemüsebrühe
2 EL	Kräuteressig
3 EL	Sonnenblumenöl
30 g	Ziegenfrischkäse

ROTKRAUT-MARONEN-SALAT
MIT REHGESCHNETZELTEM

Dieser Salat schmeckt auch warm
super, dann einfach den Feldsalat
und das Dressing weglassen.

70 g	Rotkraut (siehe S. 135)
½	kleine Zwiebel
1	kleine Knoblauchzehe
2 EL	Sonnenblumenöl
140 g	Rehgeschnetzeltes, möglichst aus der Region
1 Schuss Chili-Öl	
4	gekochte Maronen
2	getrocknete Feigen
30 g	Feldsalat
Chiliflocken zum Garnieren	
Salz und frisch gemahlener schwarzer Pfeffer	

Apfel-Dressing (siehe S. 16)

1. Rotkraut gemäß dem Rezept auf S. 135 kochen.

2. Die Zwiebel und den Knoblauch schälen, klein hacken, wenig Öl in der Pfanne erhitzen und beides darin glasig braten. Beiseitestellen und das restliche Öl für das Fleisch erhitzen.

3. Das Rehgeschnetzelte scharf darin anbraten, nur etwa 2 Minuten, sonst wird es zäh. Vom Herd nehmen und mit dem Zwiebel-Knoblauch-Gemisch vermengen, mit Salz, Pfeffer und dem Chili-Öl würzen.

4. Die Maronen grob hacken, ganz sind sie zu trocken. Die getrockneten Feigen in Streifen schneiden. Den Feldsalat waschen, putzen, trocknen und in mundgerechte Stücke schneiden.

5. Das Rotkraut bildet das Beet für diesen Salat und kommt zuerst ins Glas. Etwas für die Garnitur zurückbehalten. Danach das Fleisch hinzugeben. Maronen, Feigen und Feldsalat gemischt darübergeben. Mit ein paar schönen Feigenstreifen und Maronenstücken garnieren, zusammen mit etwas Rotkraut und ein paar Chiliflocken, die beide für einen Farbtupfer sorgen. Zu diesem Salat passt das **Apfel-Dressing**.

ROTKRAUT-SPECK-SALAT

Während ihres Studiums in München hat Séverine das Rotkraut „entdeckt" – und lässt damit die Erinnerung an eine unvergessliche Studienzeit in Martha einfließen. Rotkraut gehört zu unserem Herbst-Winter-Sortiment und wir produzieren es stets frisch selbst.

1	Laugenbrötchen
1 EL	Butter
80 g	Speckwürfel
⅓	Lauchstange
200 g	Rotkraut (siehe rechts)
1 EL	Petersilie
4	gekochte Maronen

Apfel-Dressing (siehe S. 16)

1. Das Laugenbrötchen in Scheiben schneiden und diese in Butter anbraten. Wenn sie schön braun und knusprig geworden sind, aus der Pfanne nehmen und trocknen lassen.

2. Die Speckwürfel in derselben Pfanne anbraten. Den Lauch putzen, längs aufschneiden, halbieren, gründlich waschen, in Ringe schneiden und in einem Topf mit kochendem Wasser 2 Minuten blanchieren, dann sofort mit kaltem Wasser abschrecken.

3. Den Speck mit dem Rotkraut mischen und ins Glas schichten. Die Petersilie waschen, trocken schütteln und hacken. Das Brot in kleine Würfel schneiden und mit etwas Petersilie, dem Lauch und dem **Apfel-Dressing** mischen und ebenfalls in das Glas füllen. Die Maronen zerbröseln, auf den Salat geben und mit der restlichen Petersilie garnieren.

ROTKRAUT

Rotkraut kann man im Privathaushalt problemlos eine Woche aufbewahren, in unseren Läden bereiten wir es frisch zu. Püriert und mit etwas Sahne verfeinert wird eine wunderbare Rotkrautsuppe daraus.

1. Den Rotkohl in vier Teile schneiden und den Strunk entfernen. Den Kohl nun entweder von Hand oder mit der Küchenmaschine in Streifen schneiden oder hobeln.

2. Den Apfel waschen, Kerngehäuse entfernen und den Apfel fein hacken, ebenso die Zwiebel. Beides in der Butter andünsten, den Kohl dazugeben, gut rühren und ein paar Minuten weiterdünsten. Danach Essig, Wein, Zucker, Wacholder und Zimt hinzugeben. Die Brühe in 2 l kochendem Wasser auflösen und ebenfalls hinzugeben. Das Rotkraut nach Belieben mit gemahlenen Nelken und Kümmel würzen, Letzterer macht es bekömmlicher. Alles etwa 2 Stunden garen lassen. Wenn die Flüssigkeit knapp wird, noch etwas Wein oder Brühe hinzugießen. Am Schluss mit Salz, Pfeffer und Zucker abschmecken.

3. Den Ofen auf 180 °C vorheizen. Um das Rotkraut haltbar zu machen, dieses direkt aus der Pfanne in Weckgläser abfüllen und im Backofen sterilisieren. Dazu die Gläser in ein tiefes Blech stellen und etwa 2 cm Wasser einfüllen. Ab Siedepunkt die Gläser noch etwa 30 Minuten weiterkochen.

4 Personen	
1 kg	Rotkohl
1	großer süßlicher Apfel, z. B. Red Delicious oder Gala
1	mittelgroße Zwiebel
30 g	Butter
4 EL	Balsamessig
400 ml	kräftiger Rotwein
1 TL	Zucker
2	Wacholderbeeren
1	Zimtstange
1 EL	gekörnte Gemüsebrühe
Salz und frisch gemahlener schwarzer Pfeffer	

4

GEMÜSECREMESUPPE

Gemüsereste lassen sich wunderbar zu einer feinen Suppe verarbeiten, ohne dass diese nach „Wochenrückblick" schmeckt.

1. Je nachdem, wie viel Gemüse verarbeitet wird, ergeben sich unterschiedliche Zutatenmengen. Für 1 l Suppe ein großes Stück Butter in einen Topf geben. Eine mittelgroße Zwiebel und eine mittelgroße Knoblauchzehe schälen, den Kern entfernen und grob hacken. Wenn die geschmolzen ist, sollte der ganze Boden mit einer Schicht bedeckt sein. Zwiebel und Knoblauch zugeben.

2. Das übrige Gemüse waschen, putzen und grob würfeln. Sobald Zwiebeln und Knoblauch etwas angeschwitzt sind, zuerst das „harte" Gemüse hinzugeben, das etwas länger braucht, bis es weich ist. Dazu gehören die Karotten, die Kartoffeln und der Knollensellerie.

3. In der Zwischenzeit 1 l Wasser im Wasserkocher erhitzen. Ist das Wasser eingekocht, gekörnte Gemüsebrühe über das Gemüse geben und dann mit dem heißen Wasser auffüllen. Das Gemüse sollte knapp mit Wasser bedeckt sein. Nun so lange kochen, bis es weich ist, einfach mit einer Gabel testen. Dann eine Handvoll frischer Kräuter in die Suppe geben, beispielsweise Petersilie, Schnittlauch und Oregano.

4. Den Topf vom Herd nehmen und das Gemüse so lange pürieren, bis keine größeren Gemüsestücke mehr vorhanden sind und die Masse homogen ist. Das Püree sollte relativ dick sein und wird nun unter Zugabe von weiterem Wasser bis zur gewünschten Konsistenz verdünnt. Die Suppe anfänglich lieber etwas zu dick zu kochen, denn es ist sehr schwierig und zeitaufwendig, eine zu dünne Suppe wieder einzudicken.

5. Zum Schluss mit Pfeffer, Salz und Currypulver abschmecken und ca. 500 g Sahne unterrühren. Als Garnitur passen grob gehackte Kräuter, Croûtons und Kürbiskerne.

Für 4 Personen

mindestens 600 g Gemüse

Folgendes Gemüse passt in die Suppe

Brokkoli

Blumenkohl

Romanesco

Knollensellerie

Lauch

Karotten

Kartoffeln

Und das sollte sowieso dabei sein

Butter

Zwiebeln

Knoblauch

Gemüsebrühe

frische Kräuter

Sahne

mildes Currypulver (optional)

Croûtons zum Servieren

Salz und frisch gemahlener schwarzer Pfeffer

4

REGISTER

Zwei Freunde haben uns bei der Arbeit an den Rezepten unterstützt.
Herzlichen Dank!

Olivia Tanner reist und kocht leidenschaftlich gerne. Sie ist in der Schweiz aufgewachsen und hat schon in Südafrika und Costa Rica gelebt. Momentan wohnt sie auf Mallorca. Überall, wo sie lebt oder reist, schnappt sie die besten Rezepte und Speisen auf. Sie arbeitet als Englischlehrerin und ist Autorin.

Philippe Koch ist ausgebildeter Koch, Krav-Maga-, diplomierter Fitness- und Bootcamp-Trainer. Er befasst sich intensiv mit dem Thema Ernährung, hat einen eigenen Ernährungsleitfaden entwickelt und lebt auch danach. Seit geraumer Zeit ernährt er sich vegan und hat die entsprechenden Salate für dieses Buch erarbeitet.

WIR SIND MARTHA'S SALAD

Séverine Götz
geboren 1984 in Basel

Séverines Affinität zum Genuss kommt von den Eltern, beide leidenschaftliche Hobbyköche. Den Traum von der Selbstständigkeit hatte sie schon lange – es fehlte aber der Mut. Sie lebte in München, New York und Buenos Aires und zog Ende 2009 nach Zürich, wo sie mit Sabrina ein Büro teilte. Gemeinsam mit ihr machte sie vier Jahre später ihre Leidenschaft zum Beruf.

Séverine mag

Argentinien, Rotwein, Tattoos, außergewöhnliche Menschen, Fußball, Sommernächte und ihr Motorrad

Séverine mag nicht

Meeresfrüchte, Wintertage, Neid, Vorurteile, Turbulenzen im Flugzeug und große Spinnen

Sabrina Zbinden
geboren 1983 in Winterthur

Sabrina liebt die Natur, Ausritte auf ihrem Pferd oder Wanderungen gehören zu ihren Hobbys. Sie studierte in Berlin und Boston und schloss die Universität in Zürich ab. Danach arbeitete sie als Textchefin in einer PR-Agentur, wo sie Séverine kennenlernte. Sabrina findet, dass sie und Séverine sich perfekt ergänzen und dies der Schlüssel zum Erfolg ist.

Sabrina mag

Joggen am See, ihr Pferd C'Ohara, den Crime-Sonntag, Sonnenaufgang in Berlin und Individualreisen

Sabrina mag nicht

Mais, scharfes Essen, überfüllte Busse, Unverbindlichkeit und Extremismus in jeglicher Form

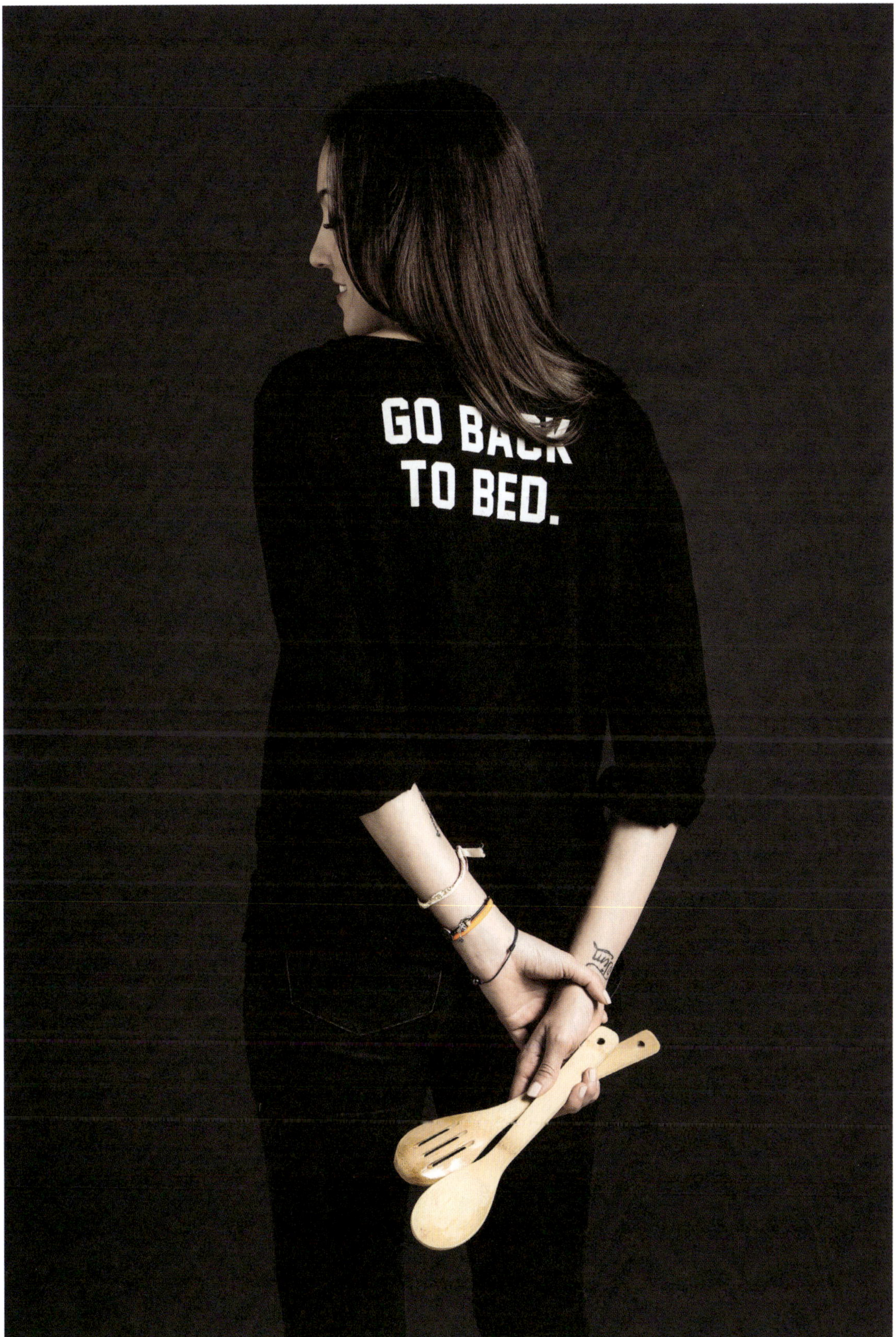
GO BACK
TO BED.

DANK

Wir möchten uns bei unseren Familien bedanken, für all ihre Hilfe und ihre Unterstützung in den letzten drei Jahren. Vor allem auch dafür, dass sie immer an uns geglaubt haben.

Außerdem bedanken wir uns bei Daniel und Tim für das Jahr, in dem ihr euer Praktikum bei uns absolviert habt. Ihr habt einen grossen Teil zu unserem Erfolg beigetragen. Danke für all die Nachtschichten, die vielen Ideen und die unvergesslichen Momente.

Vielen Dank an Rudi Bindella jun., dass wir zu Startzeiten die Küche eines Bindella-Restaurants nutzen durften und er immer ein offenes Ohr für unsere Anliegen hat.

Wir bedanken uns bei all unseren Freunden, die uns von Anfang an unterstützt haben. Ohne euch wäre Martha's Salad nicht das, was es heute ist.

Und wir möchten uns bei unseren tollen Kunden bedanken, die uns stets weiterbringen, mit Kritik, mit Anregungen, mit Lob – und vor allem mit ihrer Treue.

IMPRESSUM

Umschau

© 2016 Neuer Umschau Buchverlag, Neustadt an der Weinstraße

Autoren

Séverine Götz, Sabrina Zbinden

Fotografie

Kay Johannsen

Food Styling

Guido Gravelius

Fotografie Vor- und Nachsatz, S. 4, 6

Adrian Bretscher

Redaktion

Laura Kirschbacher

Lektorat

Katrin Huck

Art Direktion

Tina Defaux

Gestaltung und Satz

Kaisers Ideenreich

Druck und Verarbeitung

Finidr s.r.o.

Printed in Czech Republic
ISBN: 978-3-86528-808-0

Besuchen Sie uns im Internet
www.umschau-verlag.de